管理与创业实验丛书

江苏省实验教学与实践教育中心建设项目
江苏高校品牌专业建设工程资助项目（TAPP）

U0731439

杨晶照 编著

组织设计与工作分析 实训教程

ORGANIZATION DESIGN AND
JOB ANALYSIS TRAINING COURSE

编委会主任：梅 强

副 主 任：杜建国 张海斌 李国昊

成 员：刘秋生 冯缨 李昕 刘晓松

张怀胜 金帅 张道海 李雯

杨晶照 赵广凤 贡文伟 陈骏

许玲燕 白光林 王建华 张书凤

谢刚 陈洋 刘曦

江苏大学出版社
JIANGSU UNIVERSITY PRESS

镇江

图书在版编目(CIP)数据

组织设计与工作分析实训教程 / 杨晶照编著. —镇江：江苏大学出版社，2017.11
ISBN 978-7-5684-0661-1

Ⅰ.①组… Ⅱ.①杨… Ⅲ.①人力资源管理－教材 Ⅳ.①F243

中国版本图书馆 CIP 数据核字(2017)第 284266 号

组织设计与工作分析实训教程
Zuzhi Sheji Yu Gongzuo Fenxi Shixun Jiaocheng

编　　著/杨晶照
责任编辑/张小琴
出版发行/江苏大学出版社
地　　址/江苏省镇江市梦溪园巷 30 号(邮编：212003)
电　　话/0511-84446464(传真)
网　　址/http：//press. ujs. edu. cn
排　　版/镇江文苑制版印刷有限责任公司
印　　刷/虎彩印艺股份有限公司
开　　本/718 mm×1 000 mm　1/16
印　　张/7.25
字　　数/121 千字
版　　次/2017 年 11 月第 1 版　2017 年 11 月第 1 次印刷
书　　号/ISBN 978-7-5684-0661-1
定　　价/28.00 元

如有印装质量问题请与本社营销部联系(电话：0511-84440882)

序

近年来,社会对于高校大学生的实践能力要求越来越高,但是大学生群体所具备的实践能力普遍不能够满足社会和企业的需要,尤其是管理类大学生实践能力的培养与社会需要之间存在的脱节现象,严重影响了人才培养目标的实现。高校迫切需要把培养学生的实践创新能力作为教育改革的重点,特别是管理类专业,其实践性和应用性要求很高,传统的理论教学模式无法满足管理能力培养的需要,因此就更应加强实践培养模式和课程体系的创新,不断推进实践教学内容和教学方法的发展,而实验教学则是提升大学生实践创新能力的重要途径。

我国正处于"大众创业,万众创新"时代,大学生是"大众创业、万众创新"的主力军。2015 年 5 月,国务院发布《关于深化高等学校创新创业教育改革的实施意见》,文中既强调深化高等学校创新创业教育改革是国家实施创新驱动发展战略、促进经济提质增效升级的迫切需要,是推进高等教育综合改革、促进高校毕业生更高质量创业就业的重要举措,又突出要求各高校加强专业实验室、虚拟仿真实验室、创业实验室和训练中心建设,完善国家、地方、高校三级创新创业实训教学体系,深入实施大学生创新创业训练计划,开展创新创业实践活动。

江苏大学管理与创业综合实验中心是江苏省省级实验教学与实践教育中心,2015 年被教育部评为"全国高校实践育人创新创业基地",其教学团队已经构建起较为完整的管理与创业教学体系和先进的教学模式,其中"创业人生""创业管理"先后被评为国家精品视频公开课和国家精品资源共享课,《"塔式"立体化中小企业创业人才培养模式研究与实践》获国家教学成果二等奖和江苏省教学成果特等奖。管理与创业教学团队在多年的教学实践过程中,深刻认识到创业实践训练是创业管理教育中特别重要的一环,但也是相对薄弱的环节,要想让每位学生直接参加现实的管理与创业实践活动,显然在时间、成本、实际操作上都难以承受,而通过实验教学,模拟从事创业活动全过程的真实环境,让学生以最短的时间、最低的成本完成相关管理与创业实践活动,从而实现管理与创业教育从单纯的理论教学走向理论与实践相结合的实训,具有重要的意义。

教学团队通过深入分析实验、实践教学与信息技术的发展趋势,引入模拟、实践相结合的管理与创业综合实战的设计思路,用信息技术、网络技术、教学软件等构建起管理与创业综合训练的创新教学实验平台,从实验、实践教学内容层面及模式层面、管理层面、技术层面进行了一系列的探索与创新,从而实现了实践教学层次化、实验模式多样化、实训内容综合化、实践环境真实化、学习资源共享化、教学管理信息化,为学生提供更为真实的实验教学体验。

"管理与创业实验丛书"是对上述实验、实训教学原则、教学思想、教学方法、教学手段和教学经验的归纳和总结,在编写过程中,力求顺应我国促进实验、实践教学改革的要求,采用分层次综合实验教学体系,依据管理与创业实验教学"实验、实训、实践、实习、创新"循序渐进的原则,让学生遵循"观、做、感、改、创"5 个基本过程进行训练,巩固所学知识,提高实际动手能力,促进学生个性发展;努力构建以基础课程训练为主的基础课程实验层次,以专业课程训练为主的专业课程实验层次,以培养综合专业能力为主的综合设计实验层次,以培养自主创新、创业、研究能力,提升综合素质的综合实训、实习层次的实验课程教学体系。该丛书汇集了教学团队多年积累的大量的实验教学素材、案例、心得和体会,在综合考虑管理类各专业学科间所具有的相互融合趋势的基础上,为师生提供一个能够模拟企业经营管理各项职能、运作过程及互动关系,综合管理实验、创业实践,跨专业综合实训、实习的富有特色、较为完整的实验教学范本。

丛书的编写倾注了江苏大学管理与创业教学团队教师的大量心血,希望能为我国管理与创业实验教学资源添砖加瓦,为培养大学生的实验、实践能力提供借鉴和帮助。

管理与创业实验实践教育的改革远未完成,高水平的管理与创业实验实践教材还相对匮乏,需要更多有志于从事管理与创业教育的同仁共同努力,使之臻于完善,从而为培养更多具有创新、创业能力的管理人才做出应有的贡献。

2016 年 4 月于江苏大学

前　言

　　"组织设计与工作分析"作为人力资源管理专业的主干课程之一,为人力资源管理专业其他课程的学习打下基础。同时,"组织设计与工作分析"涉及诸多基础性方法,强调理论与实践的紧密结合,实际操作性强,是一门强调能力提升的课程,要求学生能学以致用。传统教学方法仅依靠课堂上的讲授和课后作业的形式,对于"工作分析"所涉及的方法,也只是了解其步骤,却不能实际操作,更遑论综合运用。学生对相关理论的理解较为肤浅,学习浅尝辄止,无法深入思考。因此,亟须实践教学对"组织设计与工作分析"课堂教学进行补充、深化和提高。如果仅依靠企业实践,并不能达到要求。首先,教学进度与企业工作节奏并不能完全合拍;其次,在学生实习期间并不能恰巧有企业在做工作分析;最后,单一企业也不能容纳太多的学生。

　　为此,在"组织设计与工作分析"教学模块中,加入了情景模拟教学实践环节,通过计算机软件,模拟企业运作,使学生在仿真环境下,通过完成虚拟的工作分析相关工作,学会并掌握具体的工作分析方法。在具体的教学进程中,进行两个阶段的操作设计,第一阶段与课堂教学同步,每讲完一种重要工作分析方法后,运用情景模拟教学法,进行实操训练,学会工作分析的基本方法。第二阶段,在课堂教学结束后,安排工作分析课程设计,培养学生的综合能力。

　　配合两阶段教学设计,本书分为两个篇章,第一篇是"工作分析"方法进阶,利用踏瑞工作分析软件,训练学生对方法逐一模拟练习,注重基本方法的操练与实践。第二篇是"组织设计与工作分析"模拟实战,利用 BOSS 模拟经营软件,组建公司,通过角色扮演,体验工作分析在企业经营环境中的运用,注重综合能力的提高。

　　通过理论教学与实践教学相结合,探索"实践教学层次化,实验模式多样化"的新路子,完成学生综合训练,提升学生技能。

目　录

第一篇 "工作分析"进阶
——基本流程与方法实验

　　"组织设计与工作分析"属于人力资源管理的基础课程,涉及较多的技能训练、众多方法的教学重点和难点内容,如何对重点和难点内容进行操作,并且能够让学生掌握这些内容的实践操作技能,是组织设计与工作分析教学需要着重解决的一大问题。如何帮助学生实现对关键技能的掌握,也是对教师的一大挑战。课时的有限性决定了教师不可能在课堂上带领学生实践这些关键的实践操作技能。因此,通过情景模拟设计有针对性的实验与练习,不失为一种有效的方法。情景模拟(simulation)是指根据对象可能担任的职务,编制一套与该职务实际情况相似的测试项目,将被测试者安排在模拟的工作情境中处理可能出现的各种问题,用多种方法来测评其心理素质、潜在能力的一系列方法。

　　本阶段实验为"工作分析"进阶,是对工作分析方法进行实操学习、理论教学的补充。此阶段学习穿插于理论学习中,运用"工作分析"实训模块分解训练。通过案例企业的实务模拟,结合课堂所讲授理论与方法,对"工作分析"所涉及关键分析方法进行实操训练,帮助学生掌握、运用方法,学会处理具体问题;使学生加深对理论的理解,将理论与知识运用于实践;提高学生分析问题、解决问题的能力。

一、本阶段实验设计的基础——情景模拟

　　本阶段工作分析实验就是针对技能的训练和提升,运用情景模拟方法,对需要学生掌握的关键技能,通过实践操作进行掌握。通过软件来实训学生,解决其工作分析问题的实践能力,从而使学生掌握未来从业实践中可能遭遇问题

的应对方案(见图 1-1)。

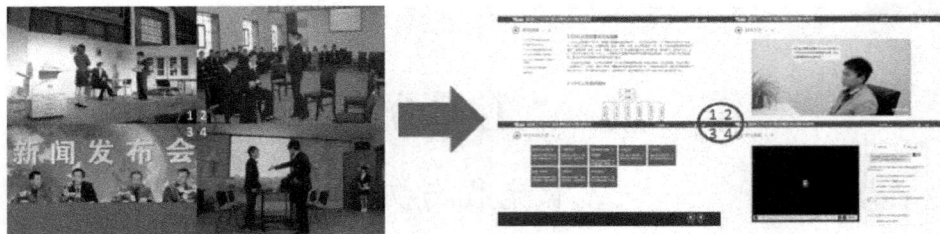

图 1-1　实境情景模拟

同时,对企业实操解决问题的过程进行教学再设计,对流程所反映的关键技能的推进逻辑,根据实践和教学的需要进行深度优化,对流程进行规范化模拟,以此更好地实现实践教学的目的(见图 1-2)。

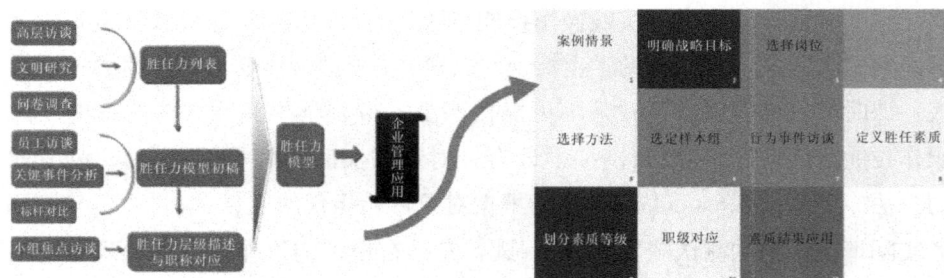

图 1-2　流程规范化模拟示意

本阶段情景模拟实验采取了分模块训练方式,每一部分教学内容都有精选的对应实验项目,每一实验项目都对应多套案例,可以根据教学情况,安排学生随时对学习内容进行演练。

相对于传统教学软件侧重引导学生"知其然"的实训范式,本阶段情景模拟更加注重引导学生"知其所以然"的案例推演。围绕甄选案例,对企业实操关键技能点以规范化流程模拟的方式推进,全景模拟人力资源管理纷繁复杂的问题解决过程,从而启发学生思考并解决问题。通过对企业实操关键技能点进行纵向剖析,把这些关键技能点进行全流程的规范化处理,便于学生掌握相关知识,提升实操技能。

二、"工作分析"进阶实验内容简介

在对全国近 100 所高校的"组织设计与工作分析"任课教师进行的调查表明,教师们普遍认为,职务分析问卷、编写任职资格说明书、编写职位描述、基于胜任素质的职位分析、关键事件法、问卷法和工作分析的一般过程是工作分析课程中最需要实训的技能点。

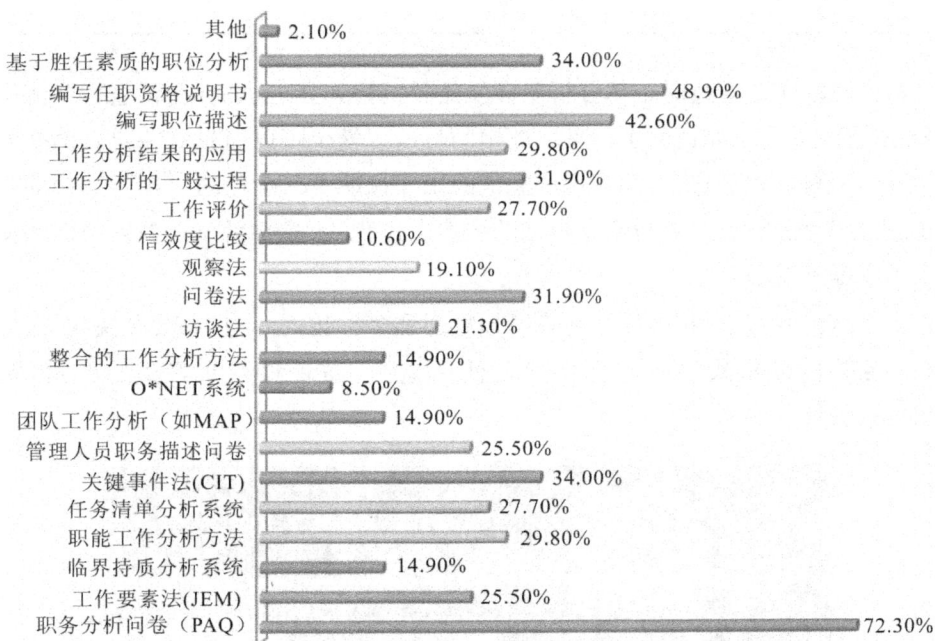

图 1-3 "工作分析"关键技能调查分析

因此,本阶段实验包括工作分析的一般过程、问卷法、任务清单法、关键事件法、胜任力素质模型和工作说明书的编制等内容的模拟训练。"工作分析"进阶实验涉及关键技能见表 1-1。

表 1-1 关键技能分析表

关键技能点	核心价值	案例举例
工作分析的一般过程 问卷法 任务清单法 关键事件法 胜任力素质模型 工作说明书的编制	学生可以通过对特定案例企业的工作分析过程和实施,编制形成规范的工作说明书。学生通过实际案例的操作,根据系统的引导,参与素质模型的构建全过程,形成对素质模型的构建和使用的深度理解。	某汽车技术服务企业职位分析案例; 某油田油气集输公司技术人员素质模型案例; 某 ERP 软件开发企业销售员工素质模型应案例

本阶段实验通过对工作分析所涉及的关键操作技能纵向剖析,进行全流程的规范化模拟,从而达到学生学以致用的目的。学生可以通过对特定案例企业的工作分析过程和实施,编制形成规范的工作说明书。最后通过实际案例的操作,根据系统的引导,参与素质模型的构建全过程,形成对素质模型的构建和使用的深度理解。

在具体内容上,积极探索情景模拟再现和多样化的参与方式,在视频、选择和问答等传统形式的基础上探索了使用拖拽、flash 和判断等新的形式(见图 1-4)。

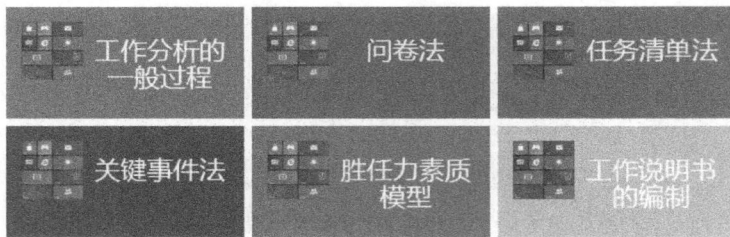

图 1-4 工作分析内容展示

本实验的教师使用指南见附录 1,学生操作部分由本书详解。

三、实验导入

(一)进入界面

打开浏览器—输入指定网址—打开登录界面—输入学生账号和密码—单击"登录"—选择实验—进入实验界面。

实验界面如图1-5所示。

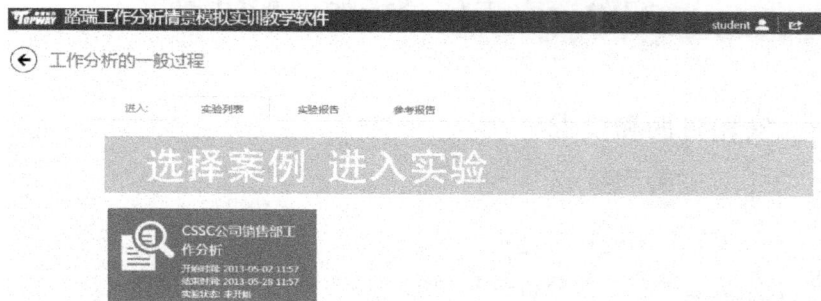

图1-5 界面选择示意图

（二）特别说明

1. 在实验开始之前,完成对工作分析的一般过程内容的学习,对相关内容已有充分理解。

2. 在实验开始之前,阅读相关案例材料和问题,分配之后请务必提前浏览一遍案例。

3. 在案例操作过程中,应时刻关注引导语的提示。

4. 当前实验如果存在多个案例的情况,可以任选一个案例进行实验。

5. 分享与互动。实验完成之后,学生把报告交换审阅,相互提意见;也可以通过小组形式开展实验,每个小组给定一个账号,选择一个人代表小组进行操作。

实验一　工作分析的一般过程

一、实验目的和要求

（一）实验目的

1. 了解工作分析的一般过程。

2. 掌握访谈法在工作分析过程中的应用。

本实验考虑到在初始状态下，学生对各种工作分析方法并没有非常准确的认识，且本实验只是工作分析一般过程的展示，所以采用预设 flash 的方式呈现给学生。直接在预设中通过 flash 呈现出案例概况，简化选择工作分析方法的过程，使用访谈法了解工作分析的一般程序。最后，随实验之后出现的是一些关键信息对比的问题。

（二）实验要求

1. 认真阅读实验流程介绍及案例页面提供的特定企业案例信息资料，在开始实验时要首先对实验流程及实验的案例信息形成一个初步的整体印象。

2. 认真阅读当前页面的实验指导语，明确当前操作步骤的要求。

3. 关注实验过程中出现的每一个问题，及时向任课教师反映，并如实记录相关问题与解决方法，记入实验结果。

4. 仔细思考并回答分析案例的问题，此处的问题无论是对学生深刻理解案例还是开展后续实验都具有重要的指引作用。

5. 在所有实验完成后，学生可以看到自己的实验报告及系统提供的报告。此处报告的查看依赖于教师在分配实验时是否把查看权限开放给学生。

6. 实验报告是学生操作结果的呈现。参考报告是系统提供的参考性报告。无论是报告还是参考报告都没有绝对的正误之分。

7. 在进行实验之前，需要掌握工作分析一般过程的课程知识，对专业知识的理解程度对实验的信度和效度有重要影响。

（三）实验内容

1. 案例情景。

2. 确定目的。

3. 选择方法。

4. 成立分析小组。

5. 小组培训。

6. 访谈调查。

7. 分析结果。

8. 结果应用。

（四）实验重点和难点

1. 工作分析方法选择的注意事项。

2. 访谈法的实施过程和关键点。

3. 确定目的和结果应用的关联关系。

（五）实验结果

学生完成实验之后可以查看报告和参考报告。可以在学习中心下载专家或教师上传的资料、作业等。其中，关键绩效要素是为了推导出关键绩效指标。绩效指标可以关联到下一步，供学生选择。

（六）分享与互动

1. 实验完成后，选择一两个同学的操作结果进行评价和解说。

2. 实验完成之后，可以引导学生交换审阅报告，相互提意见。

3. 以小组形式开展实验，每个小组给定一个账号，选择一个人代表小组进行操作。

4. 实验完成之后可以到学习中心下载相关资料。

二、工作分析的一般过程实验步骤说明

第一步：流程概要

该步骤是对该模块中的每个步骤进行介绍，同时也是对该模块流程的概述。应仔细阅读流程介绍，以了解该模块的操作流程（见图1-6）。

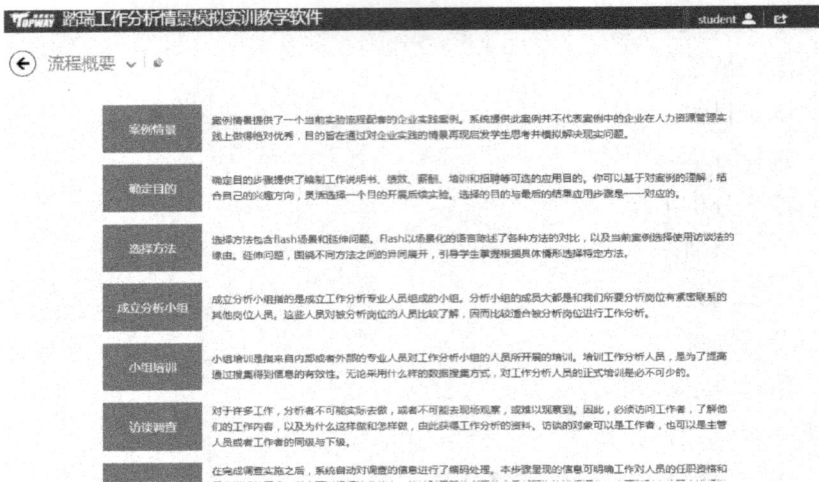

图 1-6　流程概要示意图

第二步：案例情景

请仔细阅读界面上的文字内容。阅读完毕后，单击右下方的"下一步"按钮，即可进入具体模拟阶段，如图 1-7 所示。

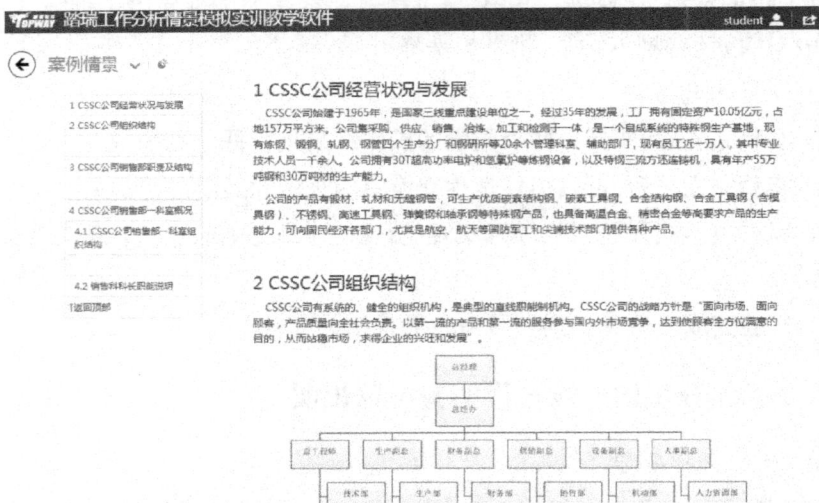

图 1-7　案例情景示意图

第三步：确定目的

1. 单击选择目的。

2. 输入选择该目的的原因。

如图1-8所示。

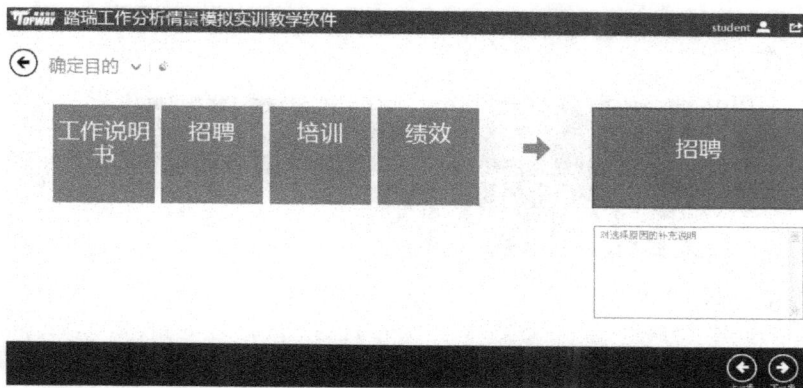

图1-8 选择实验目的

完成后单击"下一步"进入影响因素页面。

第四步：选择方法

1. 阅读flash对话。

2. 单击"继续"回答相关问答。

如图1-9所示。

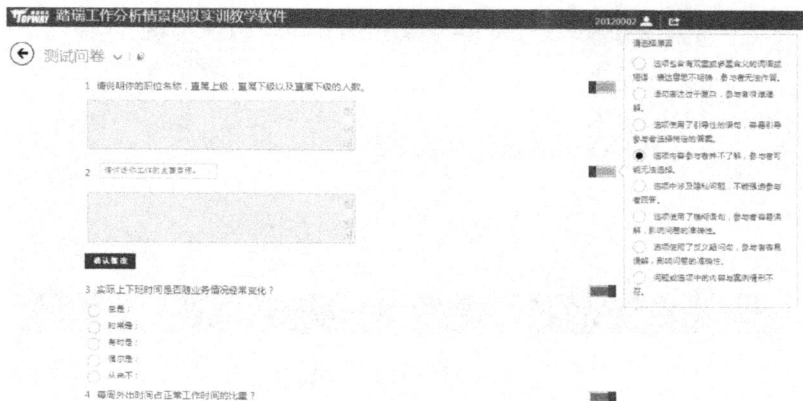

图1-9 选择具体方法

完成后单击"下一步"。

第五步：成立分析小组

基于对案例的理解，选择人员成立分析小组，如图 1-10 所示。

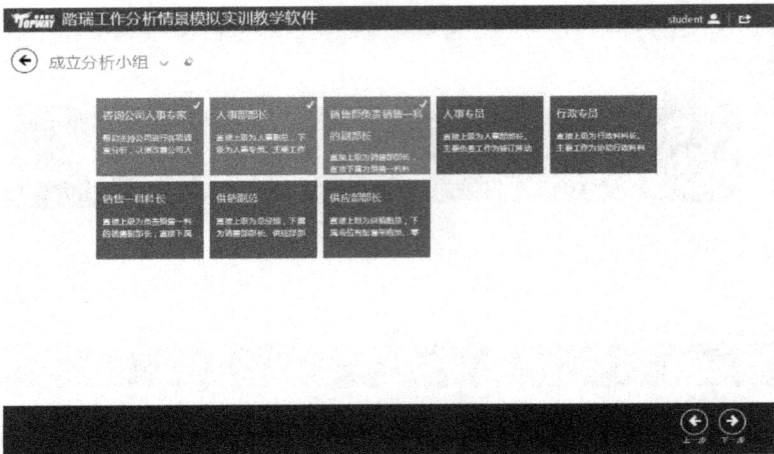

图 1-10　成立分析小组示意图

选择完成后单击"下一步"。如果选择不符合案例的实际情况，系统会修正并弹出正确选择，自动跳转下一步，如图 1-11 所示。

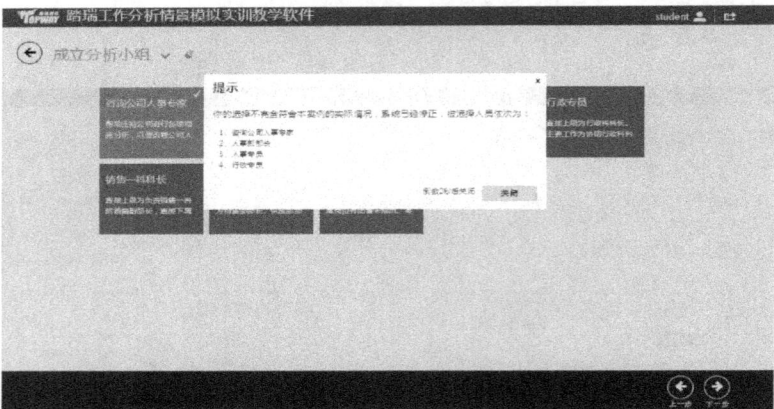

图 1-11　调整示意图

第六步：小组培训

观看视频，根据提示区域内容，填写问题区域的问题。

完成后单击"下一步"。

第七步：访谈调查

阅读视频，根据提示区域内容，填写问题区域的问题。

完成后单击"下一步"。

第八步：分析结果

阅读正文内容，回答问题，如图 1-12 所示。

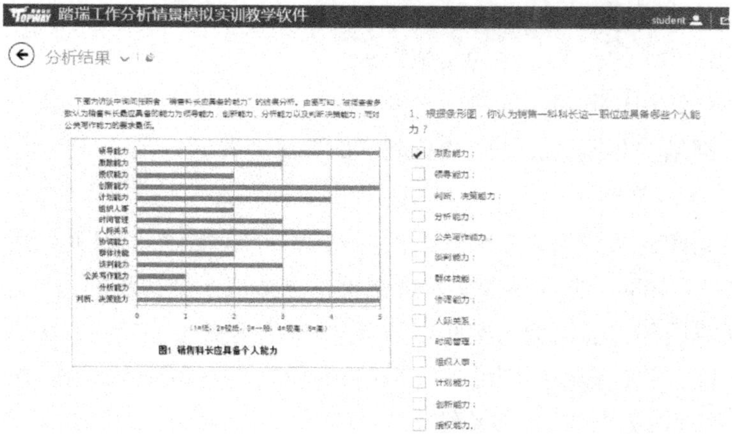

图 1-12 答题分析

完成后单击"下一步"。

第九步：结果应用

实验结果如图 1-13 所示。

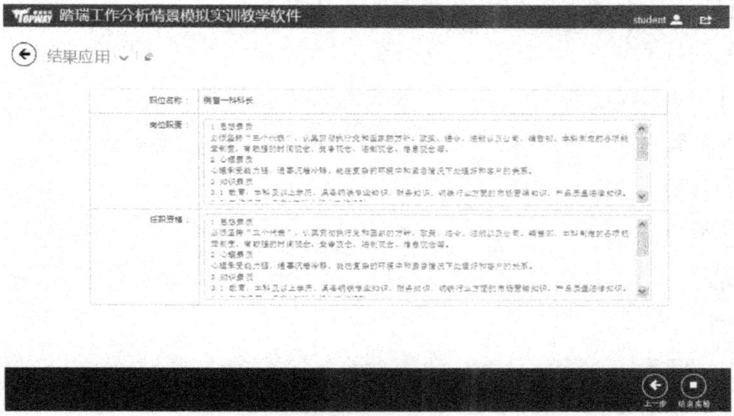

图 1-13 实验结果应用

实验二　工作分析基本方法——问卷法

一、实验目的和要求

（一）实验目的

1. 掌握非结构化问卷法的实施过程。

2. 掌握结构化问卷法的实施过程。

3. 掌握结构化问卷和非结构化问卷的实施差异。

（二）实验要求

1. 认真阅读实验流程介绍及案例页面提供的特定企业案例信息资料,在开始实验时要首先对实验流程及实验的案例信息形成一个初步的整体印象。

2. 认真阅读当前页面的实验指导语,明确当前操作步骤的要求。

3. 关注实验过程中出现的每一个问题,及时向任课教师反映,并如实记录相关问题与解决方法,记入实验结果。

4. 仔细思考并回答分析案例的问题。

5. 在所有实验完成后,学生可以看到自己的实验报告及系统提供的报告。此处报告的查看依赖于教师在分配实验时是否把查看权限开放给学生。

6. 实验报告是学生操作结果的呈现。参考报告是系统提供的参考性报告。无论是报告还是参考报告都没有绝对的正误之分。

7. 在进行实验之前,需要掌握问卷法(包括 PAQ 和 MPDQ)的课程知识,对专业知识的理解程度对实验的信度和效度有重要影响。

8. 在实验过程中要保持安静和维护实验室的卫生情况。

（三）实验内容

1. 案例情景。

2. 确定目的。

3. 设计问卷。

4. 测试问卷。

5. 范围和方式。

6. 实施培训。

7. 过程控制。

8. 分析结果。

9. 结果应用。

（四）实验重点和难点

PAQ 问卷也设计到了问卷法流程中，因为 PAQ 问卷本质上是一种高度结构化的问卷。结构化问卷和非结构化问卷实施过程的主要差异体现在，前者不再需要设计和测试问卷。问卷法的实施过程通过 flash 来呈现，基于情景模拟的设计，学生在软件中的核心角色是 HR。因此，问卷法实操中，在设计好问卷以后，分析结果以前，往往都是事务性的安排，不是软件教学的重点；此外，如果此处让学生转换为被调查者的身份填写问卷，那么存在着角色位移现象。

1. 掌握结构化问卷和非结构化问卷实施异同。

2. 掌握非结构化问卷设计和测试的注意事项。

3. 掌握问卷数据的处理、分析和应用过程。

（五）实验结果

1. 报告记录或保存个人的操作结果，参考报告时系统提供的参考指导。

2. 学生完成实验之后可以查看报告和参考报告。

（六）分享与互动

1. 实验完成后，选择一两个同学的操作结果进行评价和解说。

2. 实验完成之后，可以交换审阅学生报告，相互提意见。

3. 以小组形式开展实验，每个小组给定一个账号，选择一个同学代表小组进行操作。

4. 实验完成之后可以到学习中心下载相关资料。

二、问卷法实验步骤

第一步：流程概要

该步骤是对该模块中的每个步骤进行介绍，同时也是对该模块流程的概述。应仔细阅读流程介绍，以了解该模块的操作流程（见图 1-14）。

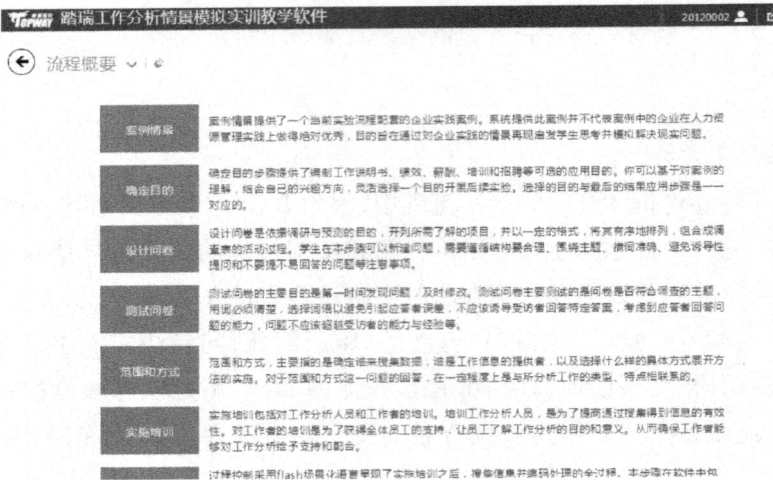

图 1-14　流程概要示意图

第二步：案例情景

请仔细阅读界面上的文字内容（见图 1-15）。

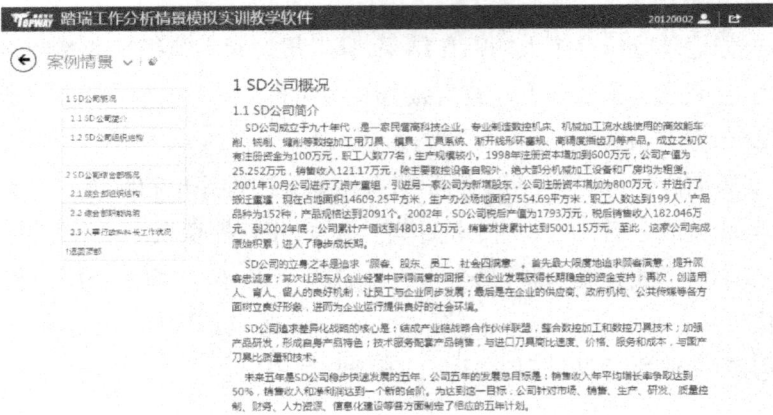

图 1-15　案例情景示意图

阅读完毕后，单击右下方的按钮"下一步"，即可进入具体模拟阶段。

第三步：确定目的

1．单击选择目的。

2．输入选择该目的的原因。

如图 1-16 所示。

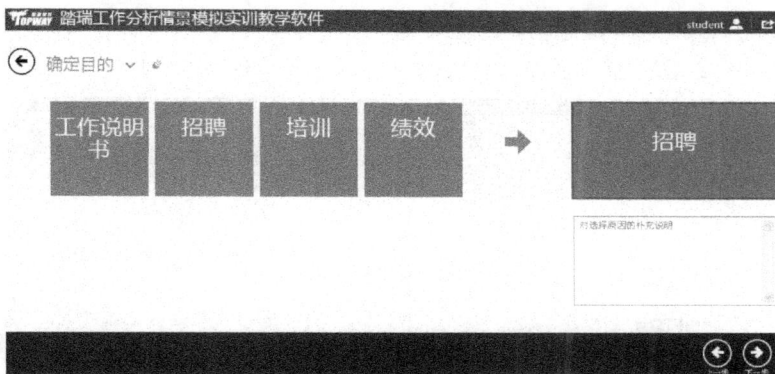

图 1-16　选择实验目的

完成后单击按钮"下一步"进入影响因素页面。

第四步：设计问卷

1. 问卷尚未覆盖到但又需要调查的信息，新增加一些问题即可。单击左下方的"新增"按钮。

2. 选择问题类型输入问题内容及选项内容，单击"提交"。

如图 1-17 所示。

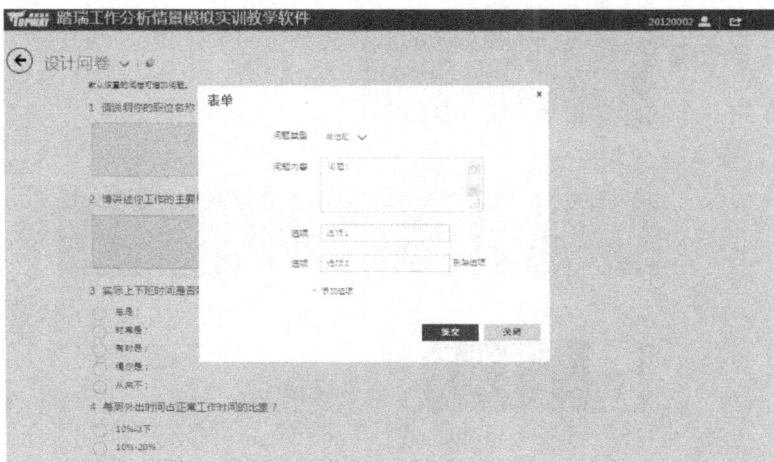

图 1-17　设计问卷

完成后单击"下一步"。

第五步：测试问卷

判断题目设计是否得当，如果不得当，那么需要首先单击"判断"按钮，选择不得当的原因，然后修改问题，最后确认修改，如图 1-18 所示。

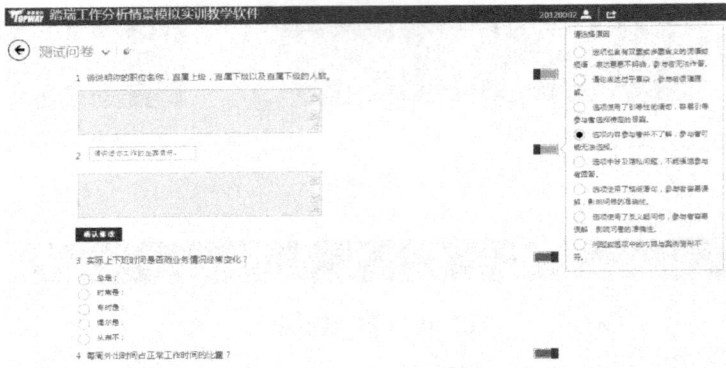

图 1-18　测试问卷

完成后单击"下一步"。

第六步：范围和方式

选择工作分析人员、被调查人员、调查方式，如图 1-19 所示。

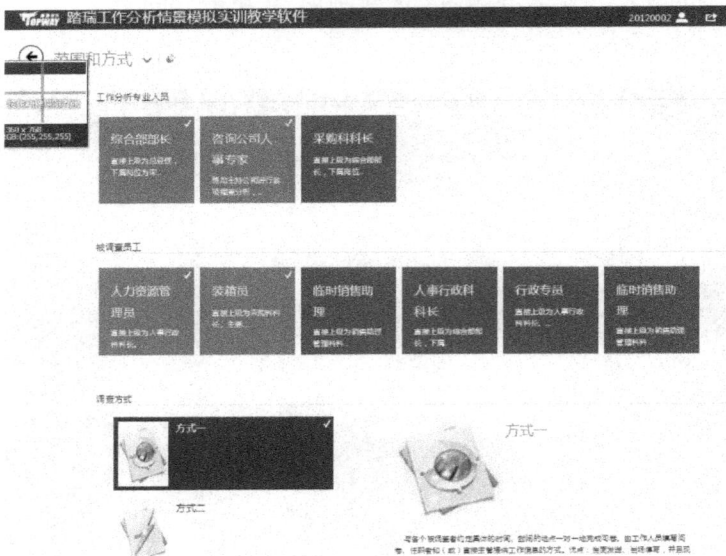

图 1-19　选择调查样本

完成后单击"下一步"。

第七步：实施培训

阅读视频根据提示区域，回答问题区域的问题。

完成后单击"下一步"。

第八步：过程控制

阅读 flash 后单击"继续"，回答问题，如图 1-20 所示。

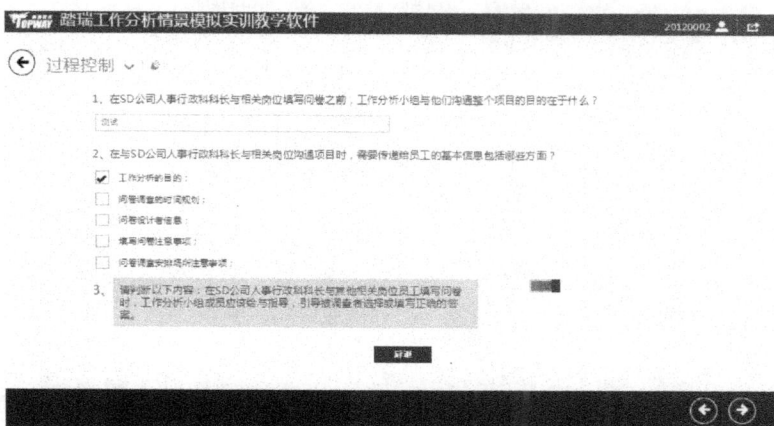

图 1-20　理解调查过程控制

第九步：分析

阅读正文内容，回答问题，如图 1-21 所示。

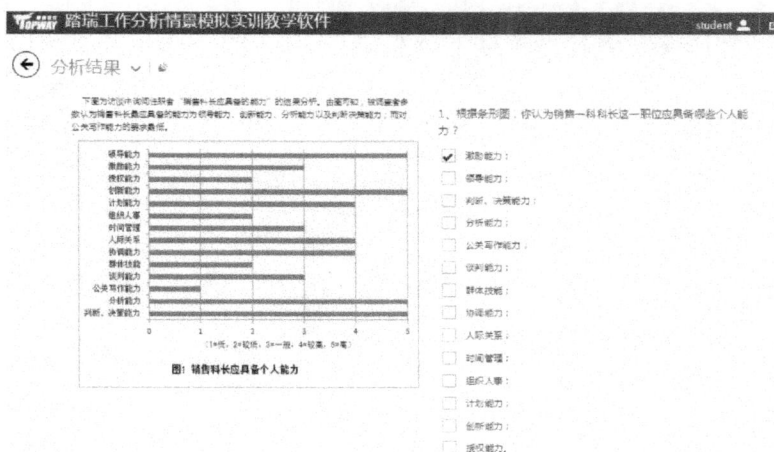

图 1-21　工作分析

完成后单击"下一步"。

第十步：结果应用

如图 1-22 所示。

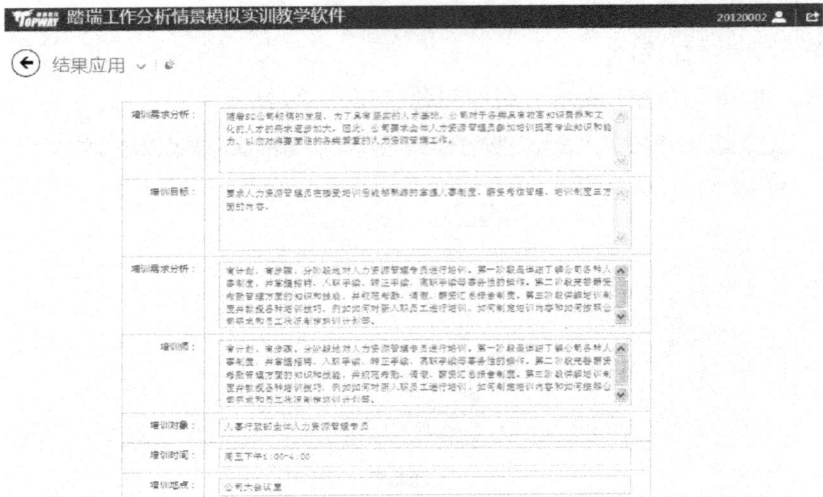

图 1-22 分析结果应用

输入相关答案，完成后单击"结束实验"。

实验三 工作分析基本方法——任务清单法

一、实验目的和要求

（一）实验目的

1. 掌握任务清单的构建。

2. 掌握任务清单法的实施过程。

（二）实验要求

1. 认真阅读实验流程介绍及案例页面提供的特定企业案例信息资料,在开始实验时要首先对实验流程及实验的案例信息形成一个初步的整体印象。

2. 认真阅读当前页面的实验指导语,明确当前操作步骤的要求。

3. 关注实验过程中出现的每一个问题,及时向任课教师反映,并如实记录相关问题与解决方法,记入实验结果。

4. 仔细思考并回答分析案例的问题,此处的问题无论是对学生深刻理解案例还是开展后续实验都具有重要的指引作用。

5. 在所有实验完成后,学生可以看到自己的实验报告及系统提供的报告。此处报告的查看依赖于教师在分配实验时是否把查看权限开放给学生。

6. 实验报告是学生操作结果的呈现。参考报告是系统提供的参考性报告。无论是报告还是参考报告都没有绝对的正误之分。教师应该向学生合理解读报告和参考报告。

7. 在进行实验之前需要掌握任务清单法的课程知识,对专业知识的理解程度对实验的信度和效度有重要影响。

8. 在实验过程中要保持安静和维护实验室的卫生情况。

（三）实验内容

1. 案例情景。

2. 确定目的。

3. 构建任务清单。

4. 调查范围与方式。

5. 填写任务清单。

6. 分析任务清单。

7. 结果应用。

（四）实验重点和难点

任务清单的构建有多种方式，可以来自对所研究工作的观察或工作日志；也可以来自另外的任务清单，如某部门的任务清单或某工作族的任务清单；找出对单个任务而言最重要的知识、技术和能力，从而进一步确定对整个工作而言所需要的知识、技术和能力类型与程度，为编制工作规范准备主要依据。

（五）实验结果

学生完成实验之后可以查看报告和参考报告。

（六）分享与互动

1. 实验完成后，选择一两个同学的操作结果进行评价和解说。

2. 可以交换审阅学生报告，相互提意见。

3. 以小组形式开展实验，每个小组给定一个账号，选择一个人代表小组进行操作。

4. 实验完成之后可以到学习中心下载相关资料。

二、任务清单法实验步骤

第一步：流程概要

该步骤是对该模块中的每个步骤进行介绍，同时也是对该模块流程的概述。应仔细阅读流程介绍，了解该模块的操作流程，如图 1-23 所示。

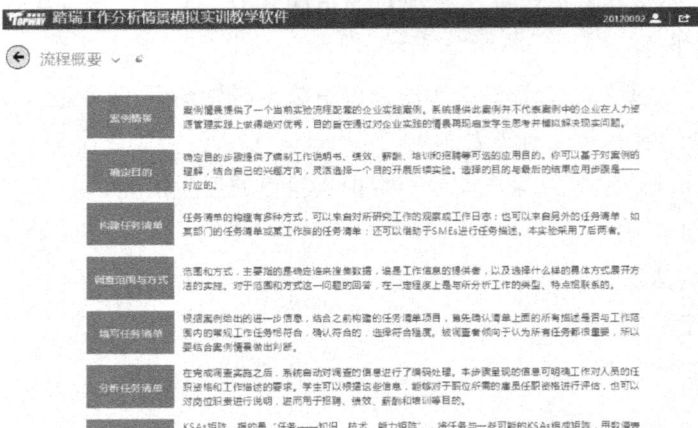

图 1-23　任务清单法流程概要

第二步：案例情景

仔细阅读界面上的文字内容，如图 1-24 所示。

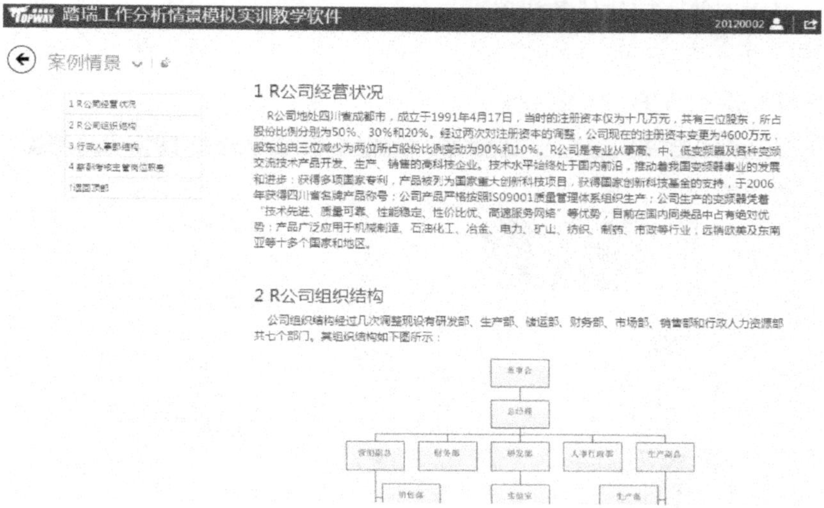

图 1-24 案例情景分析

阅读完毕后，单击右下方的"下一步"按钮，即可进入具体模拟阶段。

第三步：确定目的

1. 单击选择目的。

2. 输入选择该目的的原因。

如图 1-25 所示。

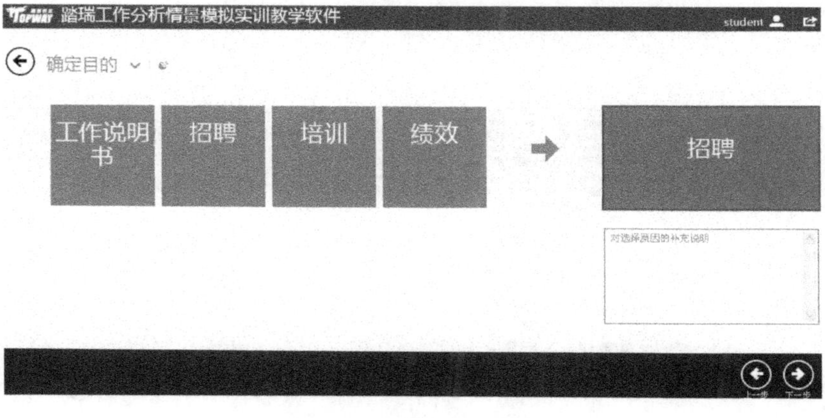

图 1-25 选择实验目的

完成后单击"下一步"。

第四步：构建任务清单

根据案例填写构建任务清单。

第五步：调查范围和方式

选择相应的方案，如图 1-26 所示。

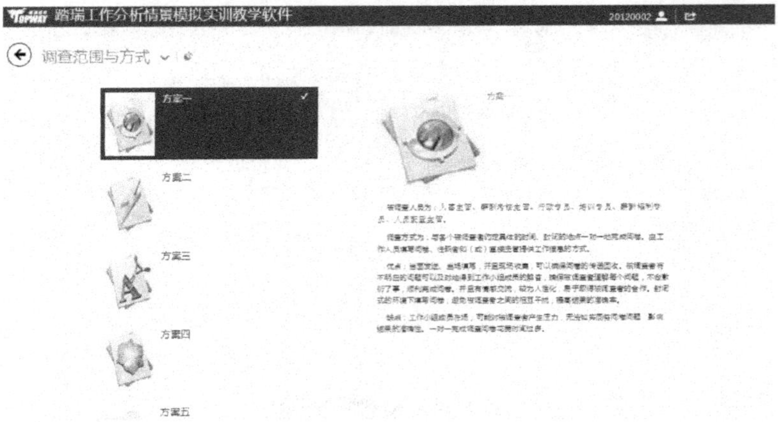

图 1-26　方案选择示例

完成后单击"下一步"。

第六步：填写任务清单

选择符合的任务清单，然后选择符合的程度，如图 1-27 所示。

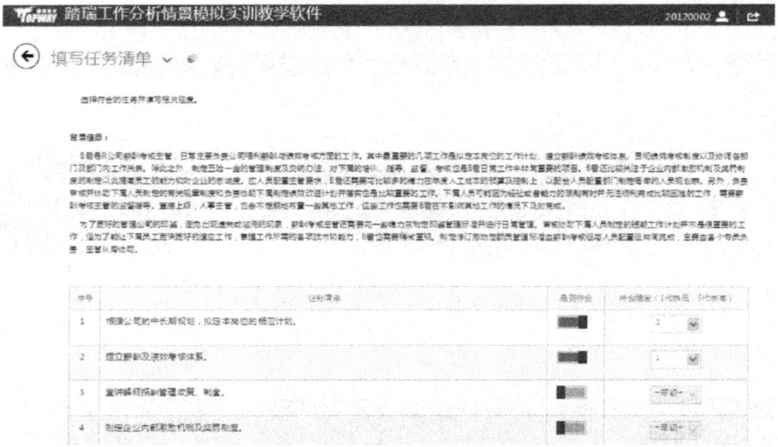

图 1-27　填写任务清单

完成后单击"下一步"。

第七步：分析任务清单

根据段落描述回答相关问题，如图 1-28 所示。

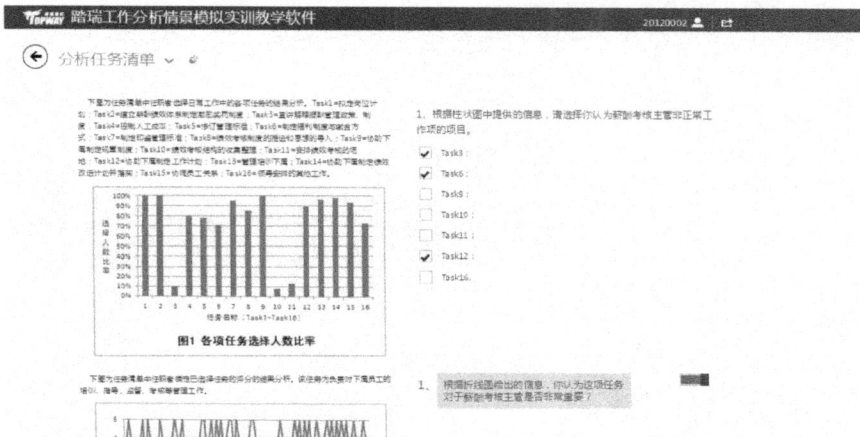

图 1-28 分析任务清单

完成后单击"下一步"。

第八步：完成关键任务

选择任务的符合程度，如图 1-29 所示。

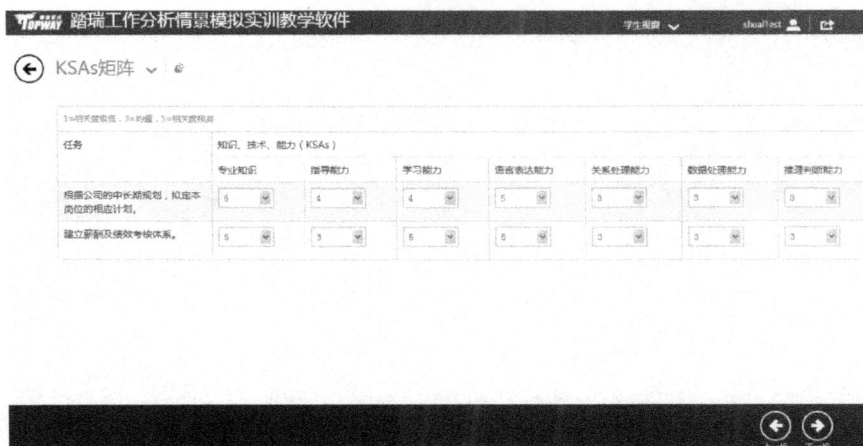

图 1-29 完成关键任务

完成后单击"下一步"。

第九步：结果应用

填写相应内容，如图 1-30 所示。

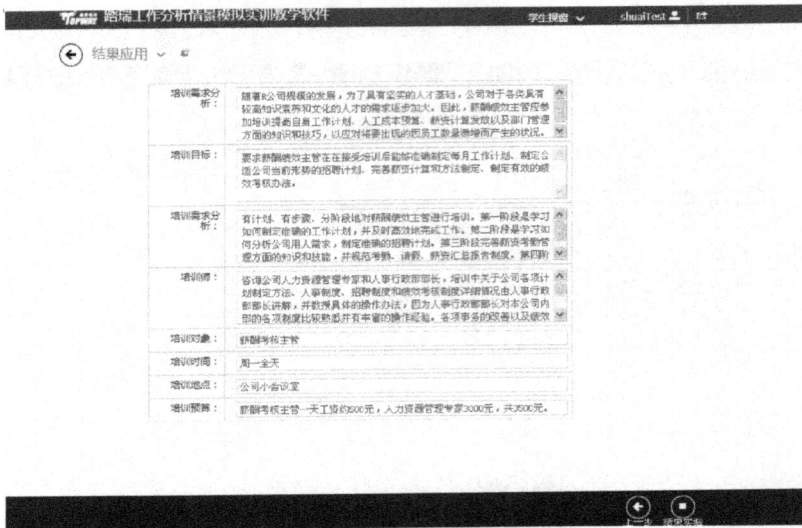

图 1-30　任务清单结果应用

完成后单击"结束实验"。

实验四 工作分析基本方法——关键事件法

一、实验目的和要求

（一）实验目的

1. 掌握如何正确编写关键事件。

2. 掌握关键事件法的一般实施过程。

3. 学会定义绩效维度。

（二）实验要求

1. 认真阅读实验流程介绍及案例页面提供的特定企业案例信息资料，在开始实验时要首先对实验流程及实验的案例信息形成一个初步的整体印象。

2. 认真阅读当前页面的实验指导语，明确当前操作步骤的要求。

3. 关注实验过程中出现的每一个问题，及时向任课教师反映，并如实记录相关问题与解决方法，记入实验结果。

4. 仔细思考并回答分析案例的问题，此处的问题无论是对学生深刻理解案例还是开展后续实验都具有重要的指引作用。

5. 在所有实验完成后，学生可以看到自己的实验报告及系统提供的报告。此处报告的查看依赖于教师在分配实验时是否把查看权限开放给学生。

6. 实验报告是学生操作结果的呈现。参考报告是系统提供的参考性报告。无论是报告还是参考报告都没有绝对的正误之分。教师应该向学生合理解读报告和参考报告。

7. 在进行实验之前，需要掌握关键事件法的课程知识，对专业知识的理解程度对实验的信度和效度有重要影响。

8. 在实验过程中要保持安静和维护实验室的卫生情况。

（三）实验内容

1. 案例情景。

2. 确定目的。

3. 正确编写关键事件。

4. 关键事件访谈。

5. 关键事件讨论。

6. 集中编辑关键事件。

7. 定义绩效维度。

8. 结果应用。

（四）实验重点和难点

1. 如何正确编写关键事件。

2. 如何准确定义绩效维度。

（五）实验结果

学生完成实验之后可以查看报告和参考报告。

（六）分享与互动

1. 实验完成后,选择一两个同学的操作结果进行评价和解说。

2. 实验完成之后,可以引导学生把报告交换审阅,相互提意见。

3. 以小组形式开展实验,每个小组给定一个账号,选择一个人代表小组进行操作。

4. 实验完成之后可以到学习中心下载相关资料。

二、关键事件法实验步骤

第一步：流程概要

该步骤是对该模块中的每个步骤进行介绍,同时也是对该模块流程的概述。应仔细阅读流程介绍,了解该模块的操作流程,如图1-31所示。

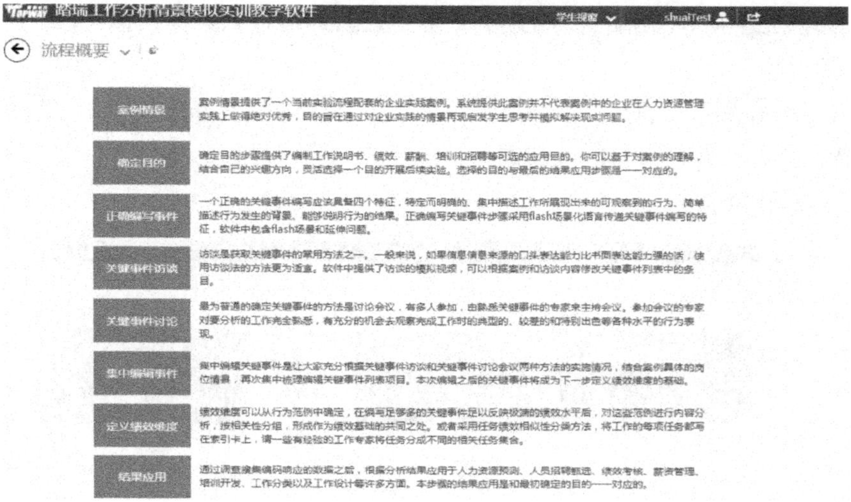

图 1-31 关键事件法流程概要

第二步：案例情景

仔细阅读界面上的文字内容，如图 1-32 所示。

图 1-32 案例情景分析

組織設計与工作分析实训教程

阅读完毕后,单击右下方的"下一步"按钮,即可进入具体模拟阶段。

第三步: 确定目的

1. 单击选择目的。

2. 输入对选择该目的的原因。

如图 1-33 所示。

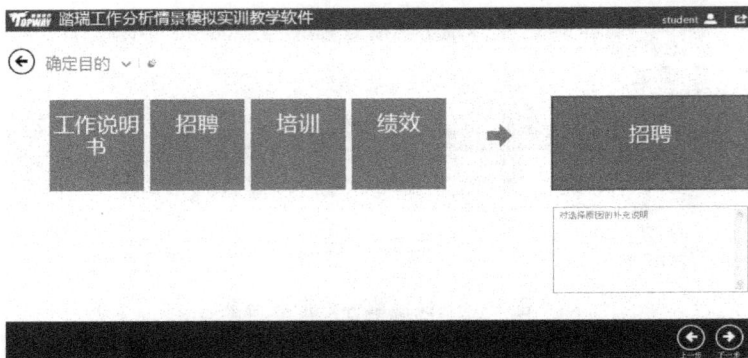

图 1-33　选择实验目的

完成后单击"下一步"。

第四步: 正确编写事件

单击下一页阅读 flash,阅读完毕后回答相应问题,如图 1-34 所示。

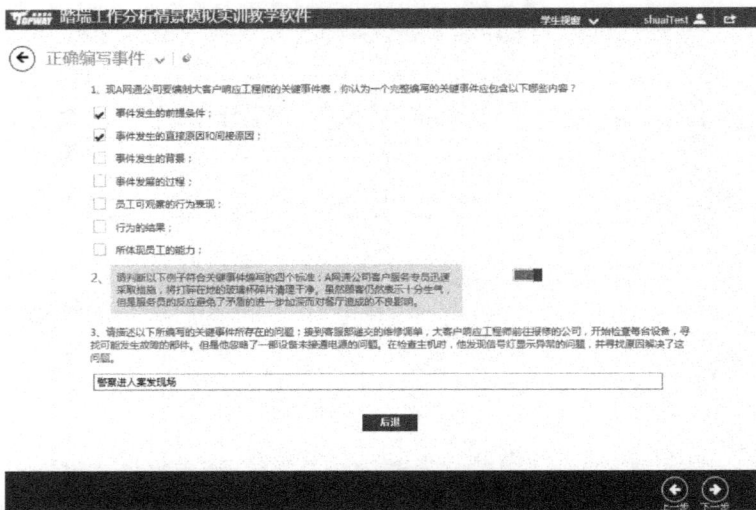

图 1-34　提炼关键事件

回答完毕后,单击"下一步"。

第五步:关键事件访谈

阅读视频后回答相应问题。

填写完毕后单击"下一步"。

第六步:关键事件讨论

阅读视频后回答相应问题。

填写完毕后单击"下一步"。

第七步:集中编辑事件

修正相应事件记录,如图 1-35 所示。

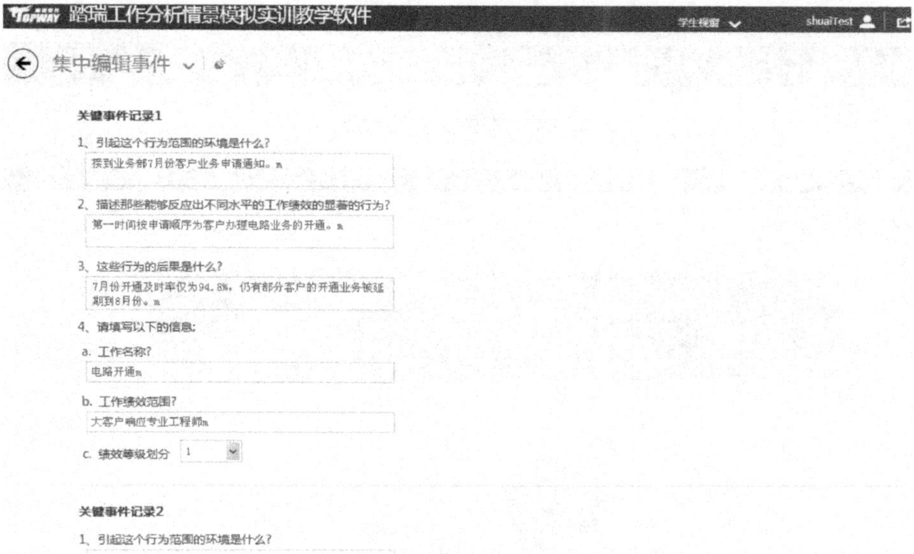

图 1-35 关键事件分析

完成后单击"下一步"。

第八步:定义绩效维度

单击添加维度,输入维度名称,如图 1-36 和图 1-37 所示。

图 1-36   提炼关键事件绩效

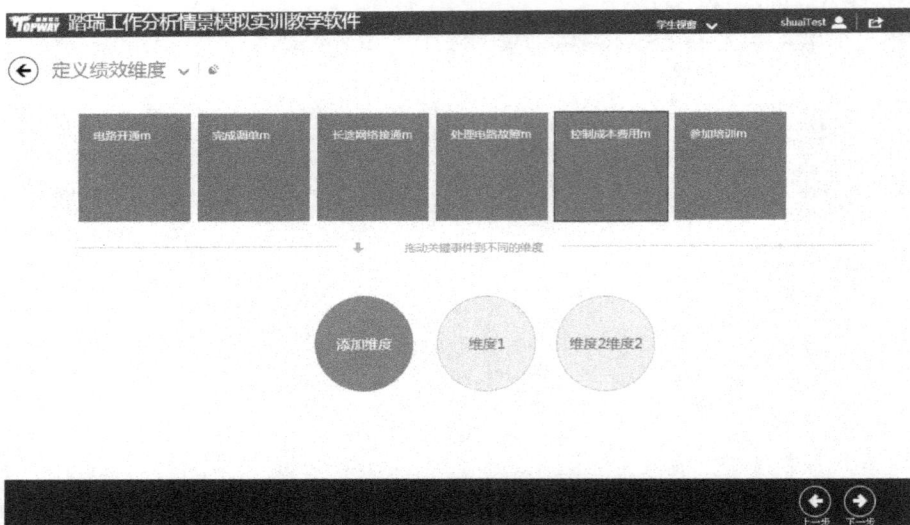

图 1-37   输入维度名称

单击页面上方的指标,并将其拖动到相应维度,如图 1-38 所示。

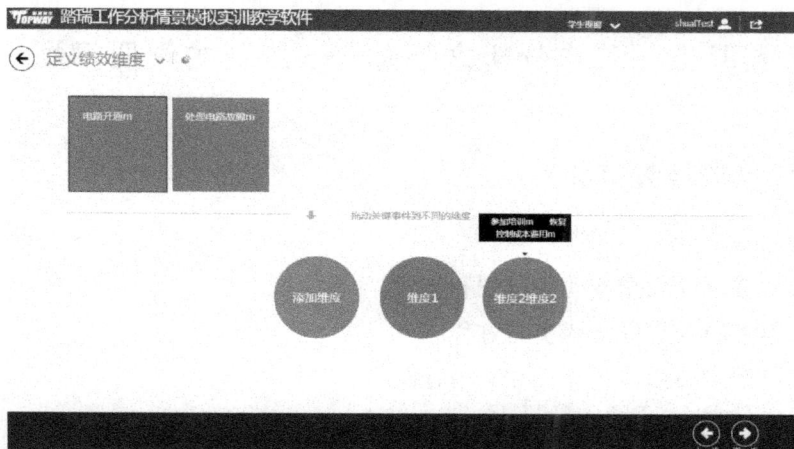

图1-38 将指标拖到相应维度

操作完成后单击"下一步"。

第九步：结果应用

输入相应内容，如图1-39所示。

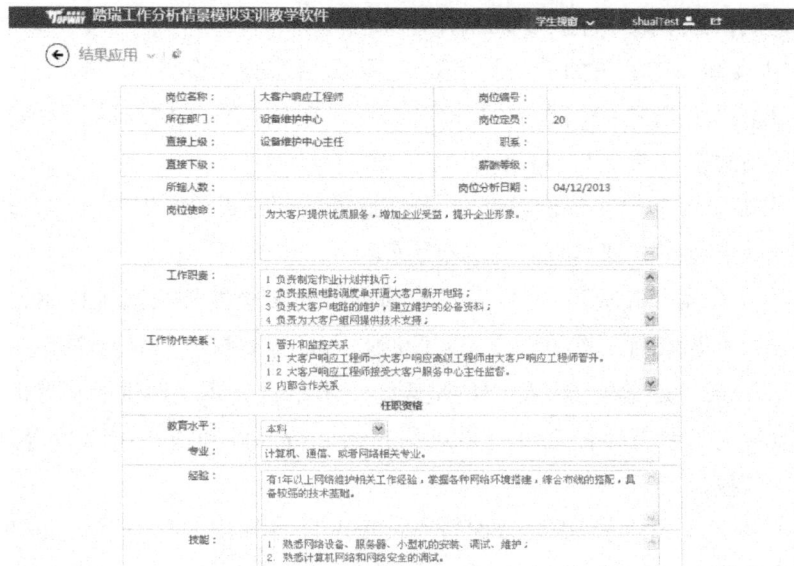

图1-39 关键绩效分析法结果应用

完成后单击"结束实验"。

实验五　工作分析之基础——胜任力素质模型

一、实验目的和要求

（一）实验目的

1. 掌握素质模型构建的过程和步骤。

2. 掌握行为事件访谈实施过程。

3. 了解素质模型的样式和应用方向。

（二）实验要求

在行为事件访谈的同时,要求学生对响应素质的关联程度进行打分,并做行为记录。在完成不同绩效样本的行为事件访谈关联度打分之后,系统通过后台算法对打分进行集中处理和排序。学生可以据此排序确认构建的素质指标。支持学生在同一案例对不同岗位进行素质模型构建。认真阅读实验流程介绍及案例页面提供的特定企业案例信息资料,在开始实验时要首先对实验流程及实验的案例信息形成一个初步的整体印象。

1. 认真阅读当前页面的实验指导语,明确当前操作步骤的要求。

2. 关注实验过程中出现的每一个问题,及时向任课教师反映,并如实记录相关问题与解决方法,记入实验结果。

3. 仔细思考并回答分析案例的问题,此处的问题无论是对学生深刻理解案例还是开展后续实验都具有重要的指引作用。

4. 在所有实验完成后,学生可以看到自己的实验报告及系统提供的报告。此处报告的查看依赖于教师在分配实验时是否把查看权限开放给学生。

5. 实验报告是学生操作结果的呈现。参考报告是系统提供的参考性报告。无论是报告还是参考报告都没有绝对的正误之分。教师应该向学生合理解读报告和参考报告。

6. 在进行实验之前,需要掌握素质模型的课程知识,对专业知识的理解程度对实验的信度和效度有重要影响。

7. 在实验过程中要保持安静和维护实验室的卫生情况。

（三）实验内容

1. 案例情景。

2. 明确战略目标。

3. 选择岗位。

4. 标杆对比选择。

5. 选择方法。

6. 选定样本组。

7. 行为事件访谈。

8. 定义胜任素质。

9. 划分素质等级。

10. 职级对应。

11. 结果应用。

（四）实验重点和难点

1. 如何开展行为事件访谈。

2. 如何通过行为事件访谈进行编码。

3. 素质模型的构建的三个阶段。

（五）实验结果

学生完成实验之后可以查看报告和参考报告。

（六）分享与互动

1. 实验完成后,选择一两个同学的操作结果进行评价和解说。

2. 实验完成之后,可以交换审阅学生报告,相互提意见。

3. 教师也可以尝试让学生以小组形式开展实验,每个小组给定一个账号,选择一个人代表小组进行操作。

4. 实验完成之后可以到学习中心下载相关资料。

二、胜任力素质模型建立的步骤

第一步: 流程概要

该步骤是对该模块中的每个步骤进行介绍,同时也是对该模块流程的概述。应仔细阅读流程介绍,了解该模块的操作流程,如图 1-40 所示。

图 1-40　胜任力素质模型流程概要

第二步：案例情景

仔细阅读界面上的文字内容，如图 1-41 所示。

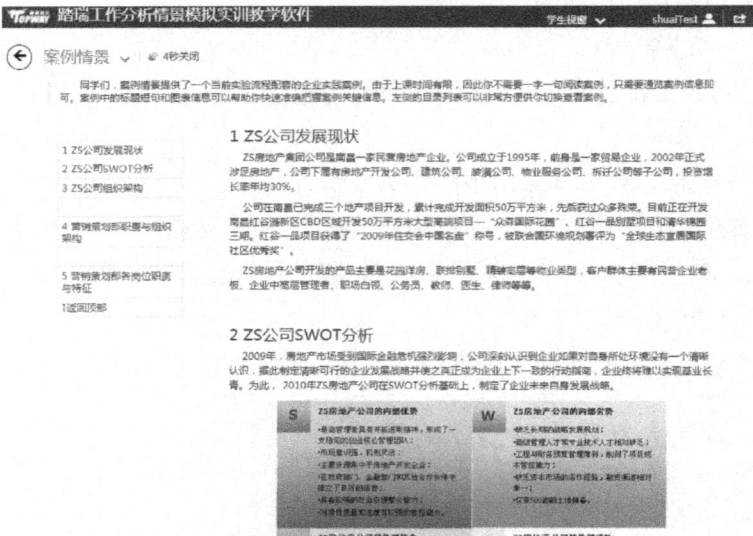

图 1-41　案例情景分析

阅读完毕后，单击右下方的"下一步"按钮，即可进入具体模拟阶段。

第三步：明确战略目标

阅读视频后回答相应问题。

完成后单击"下一步"。

第四步：选择岗位

选择岗位，如图 1-42 所示。

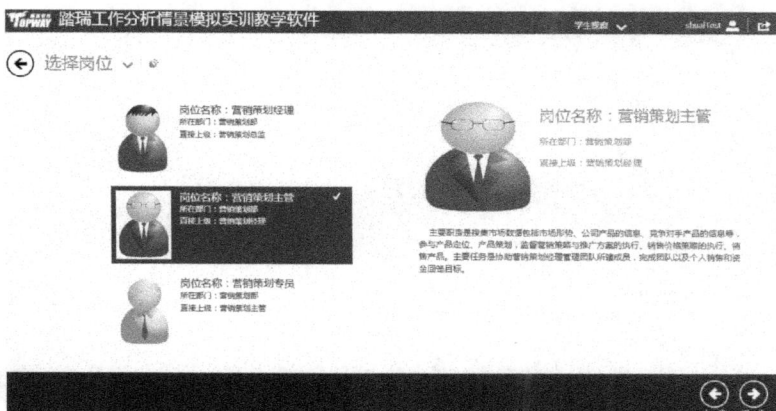

图 1-42 选择岗位

完成后单击"下一步"。

第五步：标杆对比选择

选择相应指标名称，如图 1-43 所示。

图 1-43 岗位标杆对比

完成后单击"下一步"。

第六步：选择方法

阅读完 flash 后单击"继续"，回答相关问题，如图 1-44 所示。

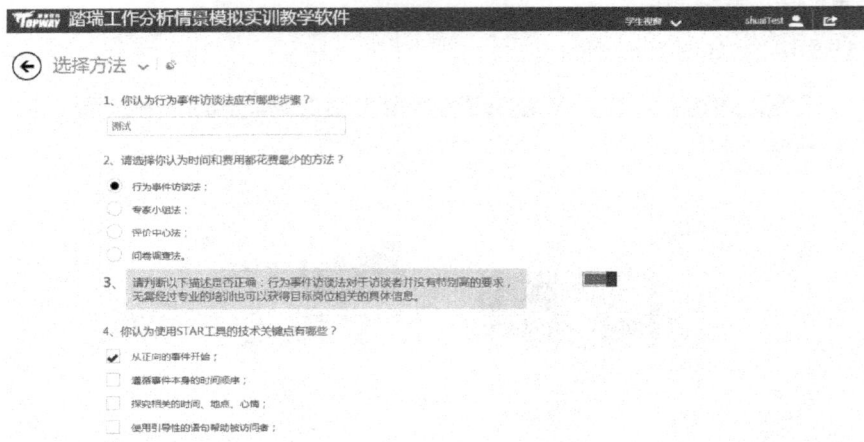

图 1-44　选择方法

完成后单击"下一步"。

第七步：选择样本组

优、良、差各选一组，如图 1-45 所示。

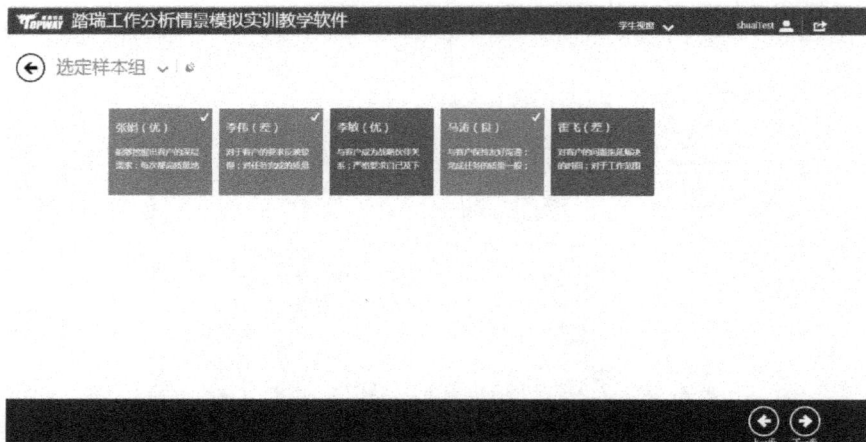

图 1-45　选择样本组

完成后单击"下一步"。

第八步：行为事件访谈

依次阅读三段视频，填写相应的行为描述，选择关联度。

完成后单击"下一步"。

第九步：定义胜任素质

选择相应的指标名称，如图1-46所示。

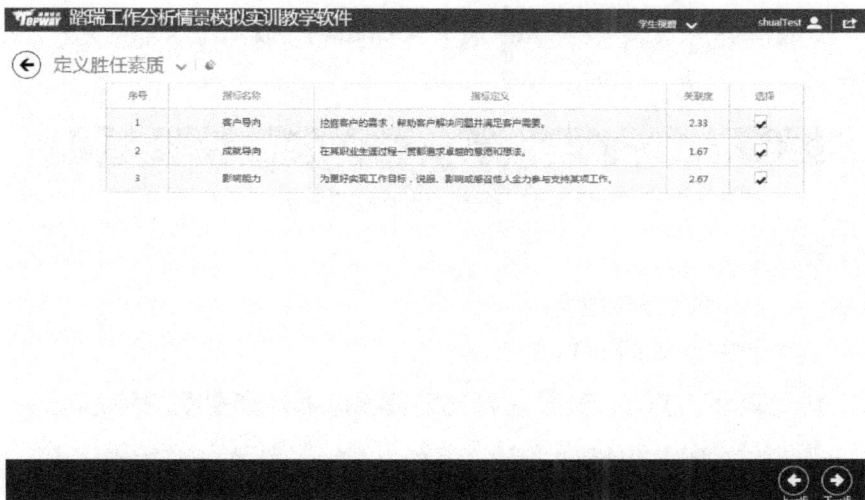

图1-46 胜任力维度确定

完成后单击"下一步"。

第十步：划分素质等级

阅读视频，填写相应指标高、中、低各等级描述。

完成后单击"下一步"。

第十一步：职级对应

选择指标相应等级，如图1-47所示。

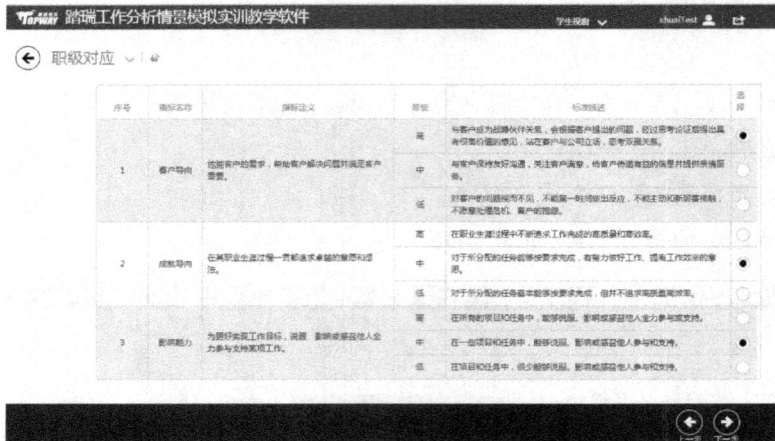

图 1-47　胜任力素质模型确定

完成后单击"下一步"。

第十二步：素质结果应用

素质结果应用，如图 1-48 所示。

图 1-48　胜任力素质模型结果应用

完成后单击"结束实验"。

实验六 工作说明书的编制

一、实验目的和要求

（一）实验目的

1. 掌握如何编写工作描述及工作描述包含的内容。

2. 掌握如何编写任职资格及任职资格包含的内容。

3. 掌握工作说明书的编制和一般样式。

（二）实验要求

1. 认真阅读实验流程介绍及案例页面提供的特定企业案例信息资料,在开始实验时要首先对实验流程及实验的案例信息形成一个初步的整体印象。

2. 认真阅读当前页面的实验指导语,明确当前操作步骤的要求。

3. 关注实验过程中出现的每一个问题,及时向任课教师反映,并如实记录相关问题与解决方法,记入实验结果。

4. 仔细思考并回答分析案例的问题,此处的问题无论是对学生深刻理解案例还是开展后续实验都具有重要的指引作用。

5. 在所有实验完成后,学生可以看到自己的实验报告及系统提供的报告。此处报告的查看依赖于教师在分配实验时是否把查看权限开放给学生。

6. 实验报告是学生操作结果的呈现。参考报告是系统提供的参考性报告。无论是报告还是参考报告都没有绝对的正误之分。教师应该向学生合理解读报告和参考报告。

7. 在进行实验之前,需要掌握工作说明书的课程知识,对专业知识的理解程度对实验的信度和效度有重要影响。

8. 在实验过程中要保持安静和维护实验室的卫生情况。

（三）实验特别说明

在实验开始之前,务必完成对工作说明书内容的学习,确保学生对相关内容已有充分理解。

（四）实验内容

1. 案例情景。

2. 选择岗位。

3. 工作描述的格式。

4. 编写工作描述。

5. 任职资格的格式。

6. 确定任职资格。

7. 生成工作说明书。

8. 工作说明书的应用。

（五）实验重点和难点

1. 如何编写工作描述（岗位职责）。

2. 如何编写任职资格。

3. 如何编制工作说明书。

（六）课堂常见问题

1. 完整的工作说明书包括哪些内容？

一般来说，内容比较完整的工作说明书包括以下具体项目：① 职位标识；② 职位概要；③ 履行职责；④ 业绩标准；⑤ 工作关系；⑥ 使用设备；⑦ 工作环境和条件；⑧ 任职资格；⑨ 其他信息。其中前七项属于工作描述，第八项属于工作规范。

2. 岗位职责编制的关键点有哪些？

第一，要按照动宾短语格式来描述，即按照"动词 + 宾语 + 目的状语"的格式来进行描述；第二，要准确使用动词。

（七）实验结果

学生完成实验之后可以查看报告和参考报告。

（八）分享与互动

1. 实验完成后，选择一两个同学的操作结果进行评价和解说。

2. 实验完成之后，可以交换审阅学生报告，相互提意见。

二、工作说明书实验步骤

第一步：流程概要

该步骤是对该模块中的每个步骤进行介绍，同时也是对该模块流程的概述。应仔细阅读流程介绍，了解该模块的操作流程，如图 1-49 所示。

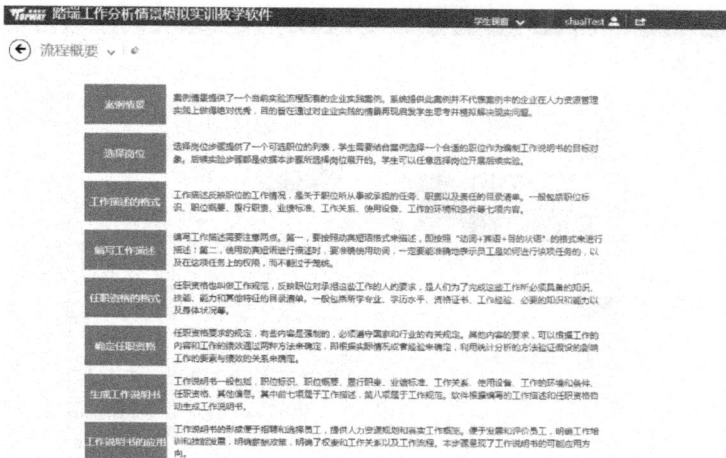

图1-49 工作说明书编制流程

第二步：案例情景

仔细阅读界面上的文字内容，如图1-50所示。

图1-50 案例情景分析

阅读完毕后，单击右下方的"下一步"按钮，即可进入具体模拟阶段。

第三步：选择岗位

单击选择相应岗位，如图1-51所示。

图 1-51 说明书编制岗位选择

完成后单击"下一步"。

第四步：工作描述的格式

仔细阅读工作描述，回答相应问题，如图 1-52 所示。

图 1-52 工作描述的格式

完成后单击"下一步"。

第五步：编写工作描述

填写完成全部选项，如图1-53所示。

图1-53 编写工作描述

完成后单击"下一步"。

第六步：任职资格的格式

阅读任职资格，回答相应问题，如图1-54所示。

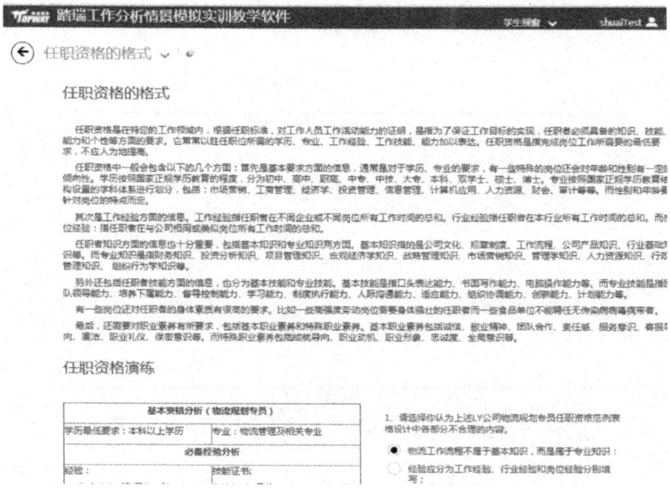

图1-54 任职资格的格式

完成后单击"下一步"。

第七步：确定任职资格

填写表格内容，如图 1-55 所示。

图 1-55　确定任职资格

完成后单击"下一步"。

第八步：生成工作说明书

阅读生成的工作说明书，如图 1-56 所示。

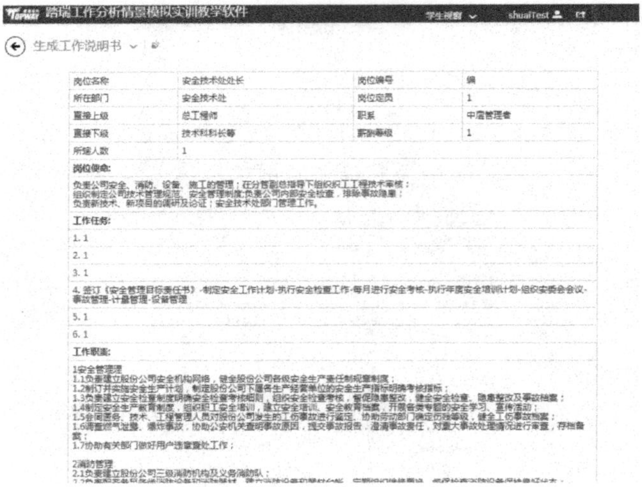

图 1-56　工作说明书示例

完成后单击"结束实验"。

对于岗位说明书,举例如下:

岗位说明书示例

岗位标识				
岗位名称	编辑		所在部门	××频道
岗位编码		编制日期		

岗位概要
承担频道内所辖节目的文字、声像资料的收集、编辑,节目制作,协助直播等工作,保证节目达到高质量水准

职能职责及要求			
职能	职责	职责行为规范	衡量指标
选题确定	明确选题方向并提出选题	根据节目类型及各栏目特点,节目组制作人与编辑讨论确定选题方向与具体播出内容及形式等,经制作人(监制)初审后,上报主管副总监制	是否保质、保量、及时地提出选题
	确定节目选题	每周频道例会,各节目组制作人、编辑共同讨论下一周或近期的选题,经台务会审定后组织具体实施	相应的实施方案是否可操作
编辑录制节目	收集各类信息资料(文字、声像)	根据栏目特点,随时收集相关的各种形式的信息资料(文字、声像等),建立相应的资料库	信息可用率
	编录、剪辑节目声像资料	根据栏目当期主题要求,选择、编辑、剪辑相关的声像资料,至少提前一天,报栏目制作人、总监/副总监二级审听后,与播音员沟通编辑思路,协助完成直播或录播制作	完成的资料的可用性
协助直播	协助主持人完成直播	根据节目直播进度,及时处理转入直播的热线电话,并协助主持人及时反馈短信平台的信息内容,鼓励听众积极参与	① 工作的及时性;② 差错率
	监听直播情况	直播期间,要随时监听听众及嘉宾的谈话内容,若有不妥,要配合技术人员马上采取措施,中断谈话	差错率

续表

职能职责及要求			
职能	职责	职责行为规范	衡量指标
其他	完成上级领导交界的各项任务	保质保量完成上级领导交办的各项任务,及时汇报工作结果	领导满意度

关键绩效指标
① 舆论导向是否正确;② 选题策划建议水平;③ 获奖情况;④ 挂单准确性;⑤ 收集的文字、声音资料的可用率;⑥ 文字稿件是否符合栏目特点;⑦ 领导满意度

工作联系				
直接上级	制作人(监制)			
直接下级	无			
沟通范围		沟通对象		沟通内容	

任职资格
知识要求
技能要求
素质要求
备注

签字确认		
	责任人	日期
任职者签字		
直接上级签字		
人力资源部主任签字		

郑重声明:本岗位说明书是员工劳动合同的一部分,旨在说明岗位目前的职责及对任职者的要求;公司保留变更工作内容或要求在职人员履行其他职责的权利。

实验报告查看

在学生端首页单击要查看的实验,如图 1-57 所示。

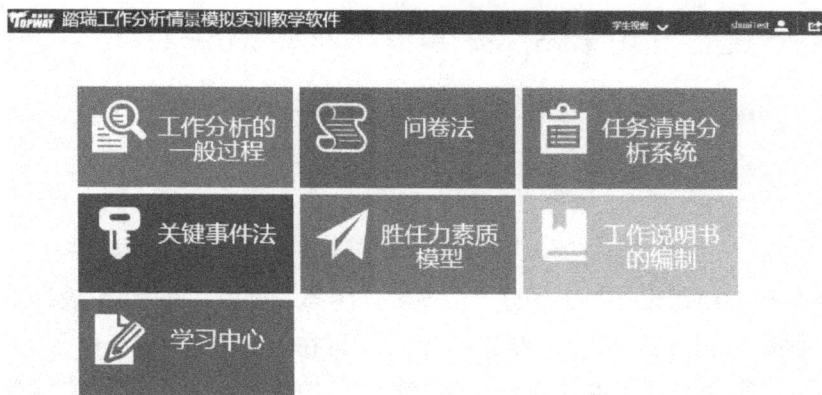

图 1-57 实验报告选择界面

然后单击相应的实验,如图 1-58 所示。

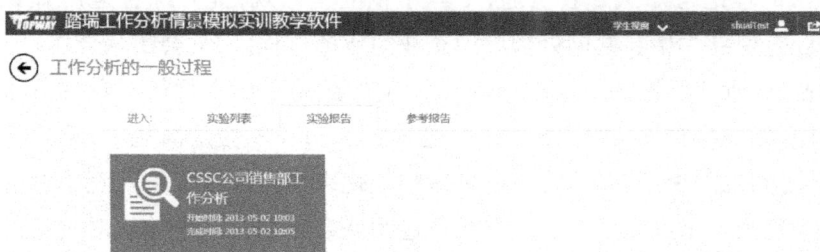

图 1-58 查看实验报告

最后单击要查看的报告即可。

第二篇 "组织设计与工作分析"实战
——基于 BOSS 软件的"组织设计与
工作分析"课程设计

本阶段为组织设计与工作分析实验设计的第二阶段——"组织设计与工作分析"课程设计。此阶段为课程设计环节,安排在"组织设计与工作分析"课程结束后,是对"组织设计与工作分析"理论与方法的综合运用。运用"结合虚拟企业实务,强调理实一体化"的教学方法,重点培养学生综合运用知识的能力,在一段相对集中的时间里,通过模拟公司的实际运营,将"组织设计与工作分析"方法的理论与知识融会贯通,培养学生的全局观,提升综合运用知识的能力。同时,引导学生在共同处理虚拟企业的业务过程中,学会团队合作。

现代管理科学开始效法航空业培训飞行员而采用飞行仿真器的方法大量运用计算机仿真技术,将企业实务上复杂多变的环境变量简化后,再建立起这些变量之间的因果关系,希望能通过这些变化来仿真经营环境及竞争对手的反应,用以预测未来可能发生的结果并通过团队合作来找出企业应对之道。以计算机仿真为手段的经营竞赛课程,在西方各大学商学院、企管研究所或管理顾问公司均已开展。通过仿真企业经营实况的竞赛过程中所创造的情境和所产生与衍生的问题,来训练学员分析环境信息、处理群体关系及制定决策的能力。

BOSS 软件系统可由 4~6 个学生(一组)组成一支企业经营模拟创业团队,分别周期性演绎企业中总经理、企划部经理、生产部经理、采购部经理、销售部经理、财务部经理的角色,从事各自的经营与决策活动,在软件模拟的经营环境下与其他企业进行竞争。BOSS 软件设计的内在逻辑如图 2-1 所示。

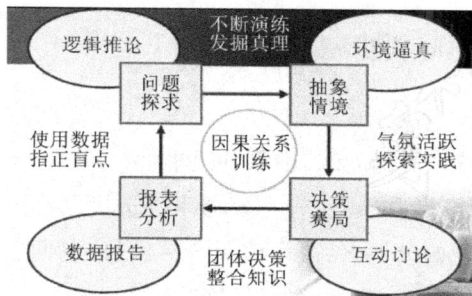

图 2-1 BOSS 软件设计的内在逻辑

软件共分为 4 种不同难易程度的模型,教师可以设定宏观经济环境、政策环境和各种市场环境背景,同时系统可以同时容纳多家企业(每一个环境 10 家,可以设置 10 个环境)。期间以一个季度为周期,最多可连续经营 16 个周期(4 年)。每期教师根据各个企业通过相互竞争获得的利润判定企业经营的绩效和优胜者,并可对由此产生的企业各项经营指标和各部门指标分别进行分析与评估,以此确定各个部门经理的职责。BOSS 软件通过完全仿真的环境,利用小组间的博弈,引发学生的学习兴趣。

本阶段实验借助 BOSS 软件,学生通过组建模拟公司、角色扮演的过程,理解公司战略与组织结构、各岗位在决策中的作用,学会将组织设计与工作分析的方法运用于实践。在角色扮演的实验过程中,在做中错、错中学、学中乐、乐中学,从而提高学习兴趣。在对遇到的管理问题进行讨论与再决策的过程中,加深对基本概念的理解。

一、课程设计总体要求

每个小组即是一个公司,从实验开始到结束统一考核,每一次实验结束后进行阶段考核,总成绩取 5 次实验成绩的平均数。

每次实验考核与评分方式:

1. 上机软件操作结果(系统自动评定利润或 *NPV* 值),30%。

2. 课堂讨论与案例分析,20%。

3. 课堂发言与演讲,10%。

4. 书面实验报告,40%。

二、BOSS 操作简要步骤

（一）学生端

1. 打开页面申请公司，提交后由教师批准。

2. 学生端，教师审批后单击"查询公司审查进度"，会显示申请公司的资料及公司统一编号等，记好公司名称、密码和统一编号，以便进入公司页面。

3. 输入公司统一编号、密码，选好角色进入主页面。进入后，可通过首页了解此次课程的各项说明情况。

4. 在首页进入公司设定，可设定及变更公司的基本资料：公司名称、各角色成员名称及密码。变更后单击储存设定即设定成功。

5. 在竞赛首页单击"经营决策"，此项目共包含"如何制定决策""了解竞赛背景""了解产品形象""检讨前期决策"和"进行本期决策"五个子菜单。前四项可了解决策的制定及课程的背景资料。"进行本期决策"由各部门经理共进行18项决策值的填写。在输入决策时，按"暂存决策"按钮暂存已经做出的决策，从而可以转到其他页面查看信息；当所有决策值都已填写好，选择"下一步"，按"确定"键送出决策值，等待主持人宣布竞赛结果。

6. 在 BOSS 4 使用模式下，若竞赛主持人开启情报交易功能，则竞赛公司可以按"情报交易"购买产业情报，竞赛公司可选择情报的种类后确认加入购买项目，再输入购买的金额即购买情报交易成功。

（二）教师端

1. 教师进入竞赛管理员首页单击"公司管理"可以对各参赛公司的资格进行审查，若该参赛公司资格符合要求，则可单击"审查通过"，即该公司获得参赛资格。反之，若该公司资格未能符合要求，则单击"驳回申请"。

2. 教师也可点选"新增"，自行新增参赛公司资料，新增完成后，仍由教师审核，才能加入竞赛。

3. 教师可单击"修改"进入审核通过名单页面，对欲修改公司资料的名单进行修改。

4. 教师审核公司后选择"产生竞赛"，给该竞赛命名及填写本次竞赛所要做出的说明，再选择 BOSS 经营的模式（BOSS 1—BOSS 4）。

5. 竞赛名称和模式确定后，教师就可开始设定总体经济环境下的 3 个指数,即经济成长指数、季节指数及通货膨胀指数。其中经济成长指数有 15 种模式,季节指数有 1 种模式,通货膨胀指数有大、中、小和负 4 种模式供其选择。

6. 教师可以选择投资抵减、折旧方式、税率水准、市场占有率、延迟效果和贷款年利率进行税率资料的设定。

7. 在产业背景与企业内部资料中,BOSS 提供各市场的价格弹性、行销活动影响、研究发展影响、维护费用影响和生产方式设定。

8. 在步骤 5 中,选择各个市场的产品生命周期走向指数,BOSS 为各个市场的产品生命周期走向指数提供高、中、低 3 档。

9. 对上述几个步骤的设定进行确认,并可选择对所设定的参数值是否加入随机性,最后单击"完成"。完成对该比赛的背景设定。

10. 对该比赛的背景设定完成后,单击"启始竞赛",选择本次竞赛的名称,然后再从下面列表框的左边选择要参加竞赛的公司,单击移动至右边的复选框并确定这些公司参加本次比赛,该竞赛启始完成。

11. 单击"主持竞赛",选择要主持的竞赛名称,竞赛开始,教师等待参赛公司送出决策。当所有公司全部送出决策后,单击"进行下期竞赛运算"进行计算。计算完后单击"企业经营成果报表"生成经营报表并交给各公司分析,本期竞赛结束,下期开始。教师可根据情况进行"设定情报交易"的开启及各种情报功能的价格。

12. 在还没有进行计算时,单击"重送决策"或"全部重送",可以让参赛公司部分或全部重新送决策值。单击"企业经营成果汇总""部门经营绩效汇总"和"市场产业情报",可看到各期各个公司的经营情况对比,供教师做比较。

13. 在规定的最后一期竞赛结束后,教师单击"期末结算"功能,这时可选择折现率和想要结算的竞赛名称,单击"结算绩效"进行最终结算。

14. 竞赛完成后,教师可通过"竞赛记录"中的"净现值排行""经营结算报表"和"部门绩效排行"了解各参赛公司的竞赛结果。

实验一　创立公司,组织结构设计

一、实验目的和要求

（一）实验目的

1. 了解 BOSS 的运行环境;熟悉 BOSS 系统,了解经营仿真环境设置与规则。

2. 掌握 BOSS 的基本结构。

3. 完成分组,组建团队,成立模拟公司。

4. 分别完成模拟公司的注册。

5. 完成组织结构设计,进行岗位设置。

（二）实验学时

4~6 个学时。

（三）实验要求

1. 为公司起名字,注册公司,提出企业文化建设方向。

2. 研究公司面临的经济环境,分析初始数据,研读初始财务状况表、损益表、资产负债表和现金流量表,对公司财务状况与面临的外在环境有所了解。

3. 确定经营目标,制订公司战略;根据公司战略,制订公司经营长、短期计划。

4. 根据组织战略与规划,进行组织设计,完成人员分工,思考公司人员任职资格与任职要求。

（四）实验报告

完成公司成立报告一份,包括公司名称、公司文化、公司战略、经营计划、组织架构、人员分工。

二、实验内容与步骤

（一）实验内容和过程

教师确定行业与产品,学员分组成立公司,并讨论确定角色;教师审批公司,确定课程名称,设置经营环境。

1. 注册公司,公司名称由学生自定义。行业、产品由教师自定义(见图 2-2)。

图 2-2 注册公司

2. 熟悉公司的运行环境,了解公司面临的竞争情况(见图 2-3)。

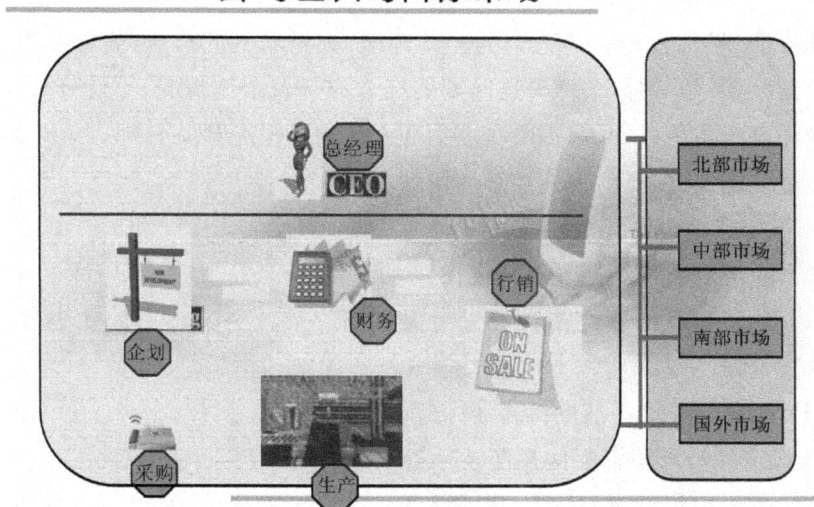

图 2-3 公司组织与面临的目标市场

3. 根据公司战略,搭建其组织机构(见图 2-4)。

软件提供各个角色的职能说明,且角色有自己的决策页面。在正式提交决策前,总经理可以修改各个决策参数。

分工与责任

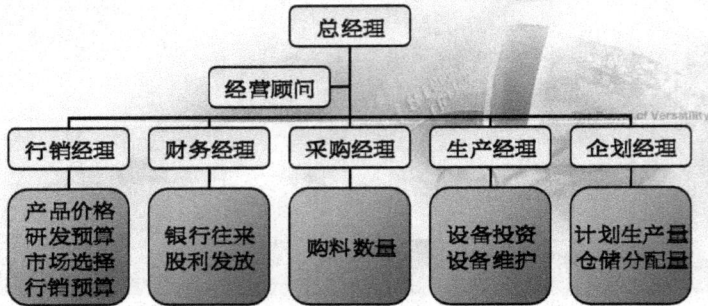

图 2-4　公司组织结构与岗位名称

（二）实验资料基本情况

预备课,教师设定较为稳定的经营环境,只有单一的市场,先进行春、夏两期的经营决策,然后分析、评价这两期的经营成果及合作情况,不计分。学生熟悉软件环境与角色后,开始 4 个季度为期一年的模拟经营。

通过设定经济指标,模拟经济环境如下:

1. 设定总体经济环境良好

（1）经济成长趋势指数选高成长。

（2）通货膨胀与紧缩指数设置为大（10%）或者中（6%）,而非小（2%）或者负通货紧缩（-2%）。

（3）产品在不同季节的销售淡、旺季指数有变化。

2. 设定经济环境资料偏宽松

企业所得税税率设置为低;投资与税收优惠政策设置为多;银行贷款年利率设置为低;折旧方式设置为直线折旧;市场占有率递延效果设置为无。

3. 设定产业背景与企业内部资料

价格弹性不大;营销活动的影响小;研究发展的影响少。企业生产方式的设置为一班制。

4．设置产品生命周期

产品生命周期设置为高的生命周期走势。

这样的设置，经营可预期，市场外部干扰因素小，小组同学可专注于团队建设与内部组织结构的搭建，做好分工。

（三）实验具体步骤

1．打开页面申请公司，提交后，由教师批准。教师进入竞赛管理员首页，单击"公司管理"可以对各参赛公司的资格进行审查。若该参赛公司资格符合要求，教师可按审查通过即该公司获得参赛资格；反之，若该公司资格未能符合要求，则教师驳回申请。

2．教师审批后单击"查询公司审查进度"，会显示申请公司的资料及公司统一编号等，记好公司名称、密码和统一编号，以便进入公司页面。

3．输入公司统一编号、密码和选好角色进入主页面。进入后，可通过首页了解此次课程的各项说明情况。

4．在首页进入公司设定里可设定及变更公司的基本资料：公司名称、各角色成员名称及密码。变更后单击"储存设定"即设定成功。

5．在竞赛首页单击"经营决策"，此项目共包含"如何制定决策""了解竞赛背景""了解产品形象""检讨前期决策"和"进行本期决策"5 个子菜单。前 4 项可了解决策的制定及课程的背景资料。"进行本期决策"由各部门经理共进行 18 项决策值的填写。在输入决策时，按"暂存决策"按钮暂存已经做出的决策，从而可以转到其他页面查看信息；所有决策值都填写好后，选择"下一步"，按"确定"键送出决策值，等待教师宣布竞争结果。

实验二　工作岗位职责的确立

一、实验目的和要求

（一）实验目的

1. 在实际操作中进一步明确各个岗位的工作职责。

2. 了解不同经济环境下的决策技巧与决策依据；各个岗位分工决策，统一领导。

3. 了解 BOSS 中实现决策的方式。

4. 掌握公司运行的基本模式。

（二）实验学时

4～6 个学时。

（三）实验要求

1. 分析经济环境变化，根据在实验一中制定的战略目标与经营计划，调整策略进行竞争。

2. 学会分析数据。

3. 进行完成人员优化配置，根据实验一所总结的公司人员任职资格与任职要求，思考人岗匹配问题。

（四）实验报告

完成一份公司经营策略分析报告，包括经营环境变化后公司经营计划调整、经营效果分析及人岗匹配说明。

二、实验内容与步骤

（一）设定经营环境

在实验一的基础上，更改经营运行环境参数，设定经济指标模拟较复杂的经济环境，理解公司在动态的环境下的运行模式与人员职责。

1. 设定总体经济环境

经济成长指数有 15 种模式，季节指数有 1 种模式，通货膨胀指数有大、中、小、负 4 种模式可供选择。

（1）经济成长趋势指数选设低增长。

（2）通货膨胀与紧缩指数设置为大。

（3）产品在不同季节的销售有淡、旺季指数。

2．设定经济环境资料

教师可以选择投资抵减、折旧方式、税率水准、市场占有率延迟效果和贷款年利率进行税率资料的设定。

经济环境资料的设定与实验一一致：企业所得税税率设置为低；设置投资与税收优惠政策多；银行贷款年利率设置为低；折旧方式设置为直线折旧；市场占有率递延效果设置为无。

3．设定产业背景与企业内部资料

在产业背景与企业内部资料中，BOSS 提供各市场的价格弹性、行销活动影响、研究发展影响、维护费用影响和生产方式进行设定。

价格弹性小，营销活动有影响，研究发展无影响。企业生产方式一班制。

4．设置产品生命周期

选择各个市场的产品生命周期走向指数，BOSS 为各个市场的产品生命周期走向指数提供高、中、低 3 档。

（二）在公司实际运作与竞争中实现岗位分工

软件设定的角色见表 2-1。

表 2-1　角色任务工作分解表

角色	任务	具体工作
CEO	企业战略规划决策（产量、销售量、利润目标的确定）	① 根据教师设定的本次课程总的课时计划或总周期数，确定短期、中期、长期企业经营战略目标。 ② 分解总的目标到每一年、每一期。 ③ 通过一年四期，对生产量、销售量、销售额的仿真决策模拟，验证目标拟定的科学性与执行效果。

角色	任务	具体工作
营销经理	营销决策（市场、品牌、产品质量战略）	① 营销战略布局与在不同周期的应用决策,例如,品牌战略、质量战略、差异化战略等。 ② 通过阅读、分析教师设置的市场环境,进行市场调查与细分,并确定在不同状况下,应用不同的市场战略的决策。 ③ 阅读学生端业务状况表,了解前期市场潜能、各市场销售量、市场占有率,预测本期和下一期企业销售目标。 ④ 根据经营结果,分析、验证战略效果,并进行决策调整。
企划经理	销售定价决策（定价策略与经营成本）	① 定价策略的应用:采用成本定价、产品质量定价、产品品牌定价、心理定价及差别定价等策略。 ② 分析产品成本与销售价格的关系,确定价格策略。
采购经理	材料供应与库存决策	① 根据现有材料库存、材料报废率、下期计划生产量、销售量确定材料供应量。 ② 根据现有原材料市场价格、库存资金等确定材料库存量。 ③ 了解原材料供应限制的解决办法。
生产经理	生产产能扩张决策	① 根据企业发展规划,进行产能扩张决策,并确定大小。 ② 设备投资扩大产能决策。 ③ 通过加班扩大产能决策。 ④ 计算扩大产能的成本。
CEO 与企划经理	产品研发决策	① 通过与竞争对手产品质量的比较,确定产品研发决策。 ② 结合本公司对利润的目标规划和实现情况,确定研发投入大小。 ③ 同期比较竞争对手产品销售价格与销售量的关系,分析研发投入效果。
财务经理	流动资金平衡使用与借、贷决策	① 了解库存资金状况,科学设置库存资金量。 ② 计算资金使用成本及在各部门的使用效率。 ③ 保证资金平衡使用,实行借贷决策。
生产经理	设备利用效率决策	① 了解原材料报废率与设备维护的关系。 ② 根据前期设备维护投资费用与材料损耗率的比较效果进行设备维护投资决策。
CEO 与财务经理	利润分配决策	① 根据企业发展战略及资金流现状,考虑利润分配决策。 ② 根据企业净利润大小确定股利发放的数额。

各模拟公司需要根据自己的人员构成与组织结构中岗位设置情况,进行角色的再分配与设计。

（三）具体操作步骤与说明

1. 教师审核公司后选择"产生竞赛",为该竞赛命名,填写本次竞赛所要做出的说明,再选择 BOSS 经营的模式（BOSS 1—BOSS 4）。

2. 竞赛名称和模式确定后,教师可开始设定总体经济环境下的 3 个指数:经济成长指数、季节指数及通货膨胀指数。

对上述 2 个步骤的设定进行确认,并可选择对所设定的参数值是否加入随机性,最后单击"完成",完成对该比赛的背景设定。

3. 对该比赛的背景设定完成后,单击"启始竞赛",选择本次竞赛的名称,然后再从下面列表框的左边选择要参加竞赛的公司,单击移动至右边的复选框并确定这些公司参加本次比赛,该竞赛启始完成。

4. 竞赛开始,教师等待参赛公司送出决策。当所有公司全部送出决策后,单击"进行下期竞赛运算"进行计算。计算完成后单击"企业经营成果报表"生成经营报表并交给各公司分析。

5. 在还没有进行计算时,单击"重送决策"或"全部重送",可以让参赛公司部分或全部重新送决策值。单击"企业经营成果汇总""部门经营绩效汇总"和"市场产业情报",可看到各期各个公司的经营情况对比,供公司做比较。

6. 在规定的最后一期竞赛结束后,教师单击"期末结算"功能,这时可选择折现率和想要结算的竞赛名称,单击"结算绩效"进行最终结算。

7. 竞赛完成后,教师可通过"竞赛记录"中的"净现值排行""经营结算报表"和部门绩效排行了解各参赛公司的竞赛结果。

（四）实验注意事项

各模拟公司运营中须注意以下几点:

1. 需要熟悉 BOSS 规则（具体见附录 2）

（1）规则中的重要成本计算中的成本来源（运费、采购费用、生产班次变换成本、紧急采购费用的产生原因、贷款利率）；

（2）产能的影响因素及计算方法；

（3）销售定价范围（3～9 元）；

（4）破产规定（负债超过 10 倍所有者权益时,该企业破产）。

2．关注经营环境的影响

（1）宏观经济环境：经济增长趋势、通货膨胀率、税收政策等；

（2）市场环境：各个市场的不同价格弹性、品牌度（营销活动）、市场占有率的递延效果对销售量的影响。

（3）自然环境：不同季节对商品需求的影响（季节指数）。

3．仔细研究企业内部业务资料及财务信息

初期业务状况表中市场潜能、销售量、生产产能的研究；

初期损益表中的销售收益的大小，营销费用、研发费用、设备维护费用的投入；

资产负债表中可使用的现金量。

4．协调好销售、生产与供应之间的关系。

实验三　岗位间的协调与配合

一、实验目的和要求

（一）实验目的

1. 从公司整体层面上进一步理解各个岗位的职责。

2. 从工作分析有角度明确 CEO、营销经理、生产经理、采购经理、企划经理等岗位的工作职责。

（二）实验学时

4 ~ 6 个学时。

（三）实验要求

1. 规划、销售、生产、采购、财务各部门间的沟通与协调。

2. 要求每家公司做分角色的口头总结报告演讲（每人的演讲时间根据课时情况由教师确定）。

3. 通过图 2-1 所示内在逻辑，反复讨论各个岗位的权利及其应承担的后果。

（四）实验报告

1. 完成一份简单的公司财务分析报告，包括财务运营状况、资金周转率、现金流、成本消耗、利润率等的分析。

2. 对经营业绩做出小结，说明各个岗位的协调与配合情况。

二、实验内容与步骤

（一）实验内容与过程

学习各部门相互配合，在完成自己工作的同时，实现公司战略与目标。各部门工作分解如下：

1. 企划部

做企业总体战略规划，由企划部牵头，各部门参与。确定利润目标，实现方式，确定市场目标及占有率，编制生产计划书等。

示例：1 年（4 期）企业经营目标规划。

（1）通过初始业务状况表（见图2-5）了解现有企业的主要经营数据。

图2-5　初始业务状况表

（2）由图2-5可见，该公司现有市场需求潜能为429 817套，实际销售量也是429 817套，下期产能是429 317套，与市场需求、实际销售基本一致。但是，这里的产能是一班制状态下的产能，如果是三班运转，那么产能可以扩大3倍，但是市场需求只有三分之一，虽然可以通过降低销售价格提高产品形象和质量等途径来扩大销售，但是原材料库存只有1 180 617套。根据规则，当期生产使用的原材料只能是库存材料，所以库存材料最大可生产量为1 180 617×0.688（材料损耗率）= 812 265套。所以第一期，材料是限制条件，最多只能规划生产、销售约81万个产品。以后每期再根据宏观经济环境、政策环境、市场环境、企业在市场中的优劣势、竞争对手的优劣势等信息，做经营决策与战略调整。

2. 生产部

根据企业总体规划进行生产安排，由生产部门牵头，供、销、财务部门配合，确定每一个市场的生产量及销售量，要根据生产方式计算产能并考虑投资设备、搞好设备维护以提高生产效率来提高生产量。生产计划表（示例）见表2-2。

表 2-2　生产计划表(示例)

期数 项目	第一期	第二期	第三期	第四期	备注
生产量计划/套	800 000	1 200 000	1 600 000	2 000 000	
材料采购/套	3 000 000 (345 万元)	1 000 000 (×市场价)	3 000 000	1 500 000	根据价格确定材料库存
设备投资/元	4 000 000				设备一次投资,长期受用
生产费用	1. 设备投资费用 2. 设备维护费用 3. 人工费用 4. 材料损耗费用 5. 班次变换费用 6. 折旧费用 7. 制成品存货成本				见零期损益表,参考值(120 万元)
预算总额/元	约 900 万				

3. 采购部

根据生产部门对原材料的需求量进行采购,要注意原材料的使用效率,查阅损益表相关资料,向财务部门申请资金,参照表 2-2 中的生产计划,编制材料采购计划表。

4. 销售部

根据规划部门的总体规划目标进行销售定价、广告费用的测算、销量在每个市场的分配、产品质量的提高决策等。销售部门的计划与预算表见表 2-3。

表 2-3　销售预算表(示例)

期数 项目	第一期	第二期	第三期	第四期	备注
销售量/套	750 000	1 200 000	1 600 000	2 000 000	四个市场总销量
销售额/元	4 650 000 (均价 6.2 元)	7 560 000 (均价 6.3 元)	10 400 000 (均价 6.5 元)	13 600 000 (均价 6.8 元)	四个市场均价计算

续表

期数 项目	第一期	第二期	第三期	第四期	备注
销售预算 决策/元	140 000 （四个市场约 占销售额 的3%）	260 000 （四个市场 约占3.5%）	400 000 （四个市场 约占4%）	680 000 （四个市场 约占5%）	参照零期 损益表相 关数据,再 以定价、销 量确定
研发预算 决策/元	300 000				第二期后 根据竞争 对手的情 况投入
预算总额	约45万元				

5. 财务部

根据以上各部门的资金需求进行测算,如现有资金不够,向银行提出贷款,并对各部门的资金使用进行平衡和监督。财务预算表见表2-4。

表2-4　财务预算表(示例)

万元

期数 项目	第一期	第二期	第三期	第四期	备注
生产部门总预算	900				
采购部门预算	380				
销售部门总预算	45				
管理费用预算	50				
其他费用预算	20				
财务总预算	1 280				

根据以上预算可得出需贷款数额,由现金流量表可知,企业零期现有现金126万元,那么本期需贷款额为1 280 - 126 = 1 154(万元)。

6. 总经理

一览整个企业的经营全貌,逐个审核各部门的决策项目和决策值,并可根据具体情况做出自己的判断和修改,在审核无误后,提交决策。

同时,根据以上分析,确立的规划目标见表2-5。

表 2-5　目标规划表(示例)

元

期数 项目	第一期	第二期	第三期	第四期	备注
销售量	750 000	1 200 000	1 600 000	2 000 000	
销售额	4 650 000（均价 6.2 元）	7 560 000（均价 6.3 元）	10 400 000（均价 6.5 元）	13 600 000（均价 6.8 元）	
净利润	93 000（20%）	189 000（25%）	312 000（30%）	435 000（32%）	
总资产	1 500 万	1 550 万	1 600 万	2 000 万	第二期后根据实际需要还款或贷款

（二）具体实验任务及步骤

在实际操作中完成以下任务：

1. 企业目标规划

企业总体战略计划目标的预测；经营战略目标计划书的编制（长期、中期、短期销售额目标,或利润目标）；计划目标的分解；目标预测误差分析（软件中的企划部绩效评估）。

2. 企业营销项目确定

消费者行为分析（软件教师端设置）；市场占有率分析；市场潜能分析；销售定价策略分析；销售量（或销售额）的分析；产品形象（品牌）、质量分析。

3. 企业生产运营结果分析与计划制订

计划需求与产能分析（限制理论的应用）；材料限制分析；生产费用与资金需求分析；生产效率与材料耗用变化分析。

4. 企业现金流分析

通过现金流动表了解现有现金额度；计算各部门资金需求量,并进行汇总平衡；根据实际资金需求向银行贷款或还款；计算资金使用成本,分析资金使用效率。

5. 企业总体业务状况分析

总市场占有率状况分析;总销售额分析;销售平均价格分析;净利润分析;所有者权益变化分析。

6. 企业主要财务指标分析

负债比率;固定资产周转率;总资产周转率;流动比率;速动比率。

7. 企业战略应用分析

市场战略应用分析;产品战略应用分析。

8. 产、供、销、财协调与平衡分析

销、供、产之间是否出现过牛鞭效应,怎样改进;是否产生原材料紧急采购现象,并分析;是否出现过非正常贷款现象,并分析;对企业经营目标与经营结果的误差大小进行分析。

9. 团队合作与沟通分析

检验企划部因与销售、生产、采购、财务各部门沟通不畅所出现的问题;检验财务部因与各部门的沟通不畅而出现的资金使用不平衡所产生的后果与改进方法;检查生产部门与采购部门的供应链周期出现问题与沟通的关系。

（三）实验注意事项

小组同学尝试学会决策分析（经营环境分析、竞争对手分析）。

1. 学会综合分析外部面临的经营环境

（1）对教师设置的宏观经济、政策、市场环境进行分析,了解环境对经营的影响;

（2）为适应环境,调整战略与策略的决策。

2. 学会研究竞争对手情况与竞争策略,认真分析相关图表

（1）通过产品形象图,分析、了解对手的产品战略意图;

（2）通过产品质量图,分析、了解对手的质量差异化意图;

（3）通过销售情报表,分析、了解对手的价格策略;

（4）通过销售情报表中的对手销售量,了解对手的销售规模;

（5）通过市场占有率图,分析、了解对手的各个市场战略布局及应用效果;

（6）会分析比较竞争对手的战略与策略,并实时应对与调整自己公司的战略与策略。

3. 学会分析关键财务指标,做到知己知彼,百战不殆

(1)原材料价格的变化规律(在每套 0.75 元到 2.5 元之间波动)随着市场需求的变化而变化,市场购买量大,价格上涨,反之下降。

(2)原材料当期购买下期才能使用。原材料订购成本的规定:每购买 50 万套材料,采购费用为 4 万元。

(3)产品运到各个市场的单位运费:北市场为 0 元,中市场为 0.1 元,南市场为 0.2 元,国外市场为 0.8 元。

(4)产品销售价格的定价期间:单位产品的价格为 3~9 元。

(5)设备投资费用的计算公式为

$$设备投资费用 = 0.000\,000\,1 \times 设备投资支出^2$$

(6)设备投资额与产能的关系:每投资 20 元,增加一个单位产能。计算公式为

本期产能 = 上期产能 ×0.975 + 上期投资额/20 × 一般物价指数(采用直线折旧法)

(7)不同生产班次的相关费用计算公式见附录 2 BOSS 规则"三、重要的成本计算与说明"。

(8)企业所得税征收比率按比例累进税率,见附录 2 BOSS 规则表 F2-1。

破产规定:当公司的业主权益大于 10 倍负债时,宣告企业破产。

实验四　岗位绩效评估

一、实验目的和要求

（一）实验目的

1. 从公司整体层面上进一步理解各个岗位的职责。

2. 理解工作分析如何帮助公司更高效地运转。

（二）实验学时

4～6 个学时。

（三）实验要求

1. 各公司对经营情况分别进行分析

（1）企业规划部门的市场预测误差的评价；

（2）营销部门的营销总费用与销售额之差的绩效评估，以及各个市场的绩效考核；

（3）生产、采购部门绩效实验与评估分析；

（4）财务部门的负债状况评估实验。

2. 要求每家公司做分角色的口头总结报告演讲（每人的演讲时间根据课时情况由教师确定）。

（四）实验报告

案例比较分析报告。根据课堂分享情况，选择效益不同层次的两家公司与自己的公司运作进行案例分析，对标先进，总结经验。

二、实验内容与步骤

（一）实验内容

通过软件操作与各经理的分工，学生能够科学拟定企业经营目标与战略规划；了解经营决策理论，通过实验懂得科学决策对于实现企业目标的重要性；学会对决定性的经济环境与变数（如宏观经济、通胀率的预期）的分析；懂得决策微调技巧，选择与使用适当的决策分析方法；了解市场竞争法则，掌握竞争因素的预期、评价和应对策略；正确应用市场调查与细分方法，科学应用营销战略与策略;了解经营风险的控制方法;学会协调与沟通;学会阅读、分析经济信息、情报,分析简单的财务报表;写出企业经营案例分析报告。

实验流程与内容如图 2-6 所示。

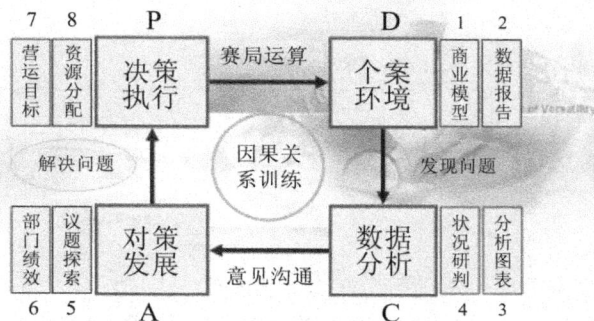

图 2-6 实验流程与内容

各岗位按照图 2-7 所示 PDCA 循环图进行分工协作。

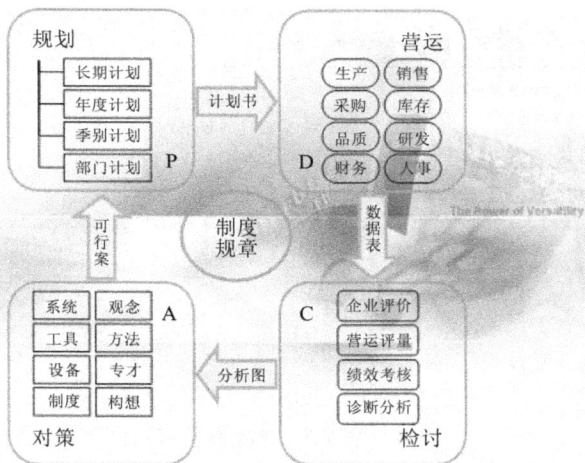

图 2-7 PDCA 循环图

(二)实验具体步骤

1. 研究公司经营的经济运行环境背景(教师设立),对宏观背景进行大体了解,细致分析市场背景,在软件的"学生端—经营决策"了解竞赛背景。经济环境示例如图 2-8 所示,产业背景示例如图 2-9 所示。

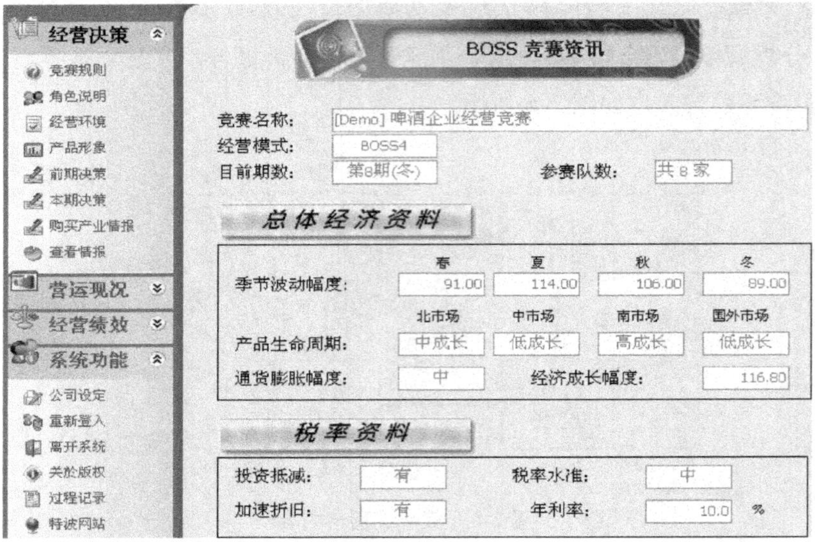

图 2-8　经济环境（示例）

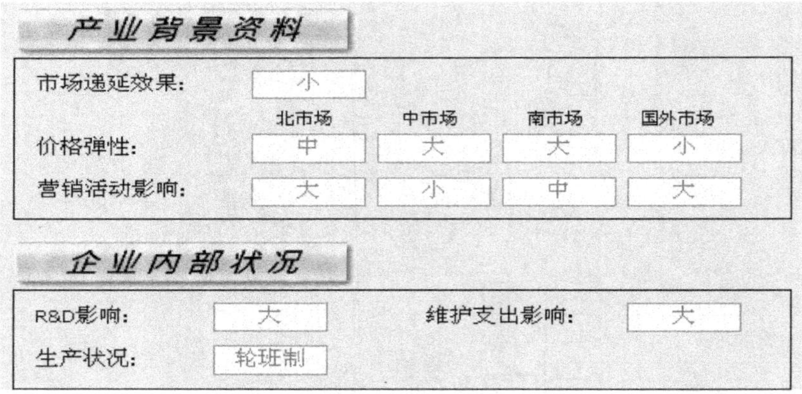

图 2-9　产业背景（示例）

2. 分析企业内部报表、数据资料，主要是业务状况表、资产负债表、现金流动表、损益表及各个市场占有率，以了解企业的整体概况。企业期初主要数据（示例）见表 2-6。

表 2-6　企业期初主要数据(示例)

项目	总计	子项目			
资产/元	11 100 000	负债：4 000 000	制成品存货价值：63 553		
			原物料存货价值：1 180 617		
		业主权益：7 100 000	设备账面价值：8 592 500		
			库存现金：1 263 330		
现有产能/套	330 000	下期产能	429 817		
原材料库存/套	1 180 617				
原材料价格/ (元·套$^{-1}$)	1.15	市场原材料价格随着需求的变化而变化			
制成品库存/套	21 184	在北市场			
产成品率/%	68.8	产成品率随着设备维护的变化而变化			
销售收益/元	2 686 988				
费用支出/元	2 471 497	分项明细——损益表			
税后净利/元	159 069				
股利支出/元	175 000				
业务状况		各市场情况			
		北市场	中市场	南市场	国外市场
产品价格/ (元·套$^{-1}$)		6.4	6.4	6.4	6.4
销售量	429 817	159 583	90 078	90 078	90 078
市场潜能	429 817	159 583	90 078	90 078	90 078
市场占有率/% (共有 10 家公司)	10	10	10	10	10
营销预算/元	150 000	150 000	0	0	0
研究发展费用/元	150 000				
设备投资费用/元	50 000				
设备维护费用/元	75 000				

（1）零期业务状况表

业务状况表（示例）如图 2-10 所示。

① 重点理解当期市场潜能是 42.981 7 万套，它是在投入多少营销费用的前提下产生的，参见损益表。

② 下期产能 42.931 7 万套，如果要卖更多的产品，就要考虑提高产能，参见 BOSS 规则。

③ 原物料库存 118.061 7 万套，下期生产量原则上不能超出需要的原料，当期购买的原材料只能下期使用，否则会产生单位材料 1.5 元的紧急采购费用，参见 BOSS 规则。

图 2-10　业务状况表（示例）

（2）损益表

损益表（见图 2-11）中有大量的决策参考信息：

① 上期 4 个市场的销售收入及总的收入，由此可见营销投入、销售额及定价的关系。

② 第零期的营销费用、研究发展费用、设备维护费用的投入参考值等。

③ 人工费用。

④ 材料损耗率，每一个单位材料只能生产 0.688 个产品，这个比率会随着设备维护决策的投入及研发费用的投入变化而变化，它的变化会影响产能的一定变化。由此了解，在购买材料时，要考虑材料的损耗率。

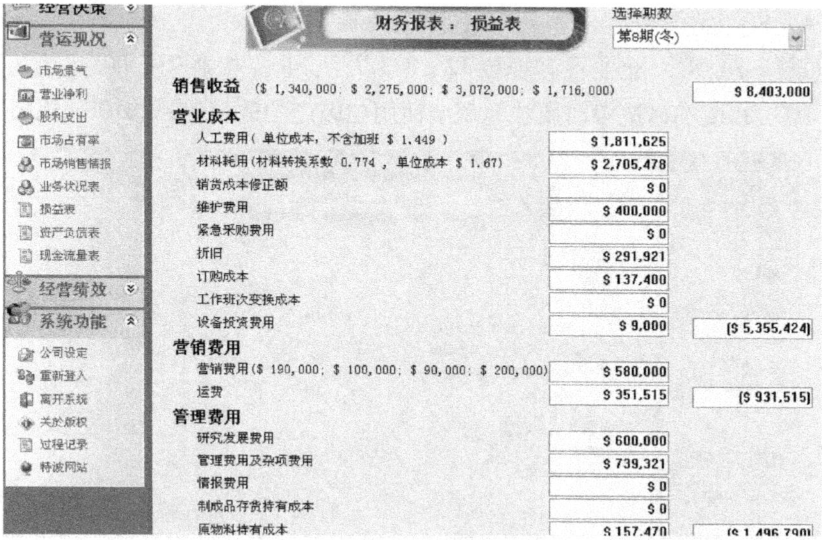

图 2-11　损益表(示例)

（3）现金流动表

如图 2-12 所示,下期原材料市场价格为 1. 15 元,此价格是随着市场需求量的变化而变化的。

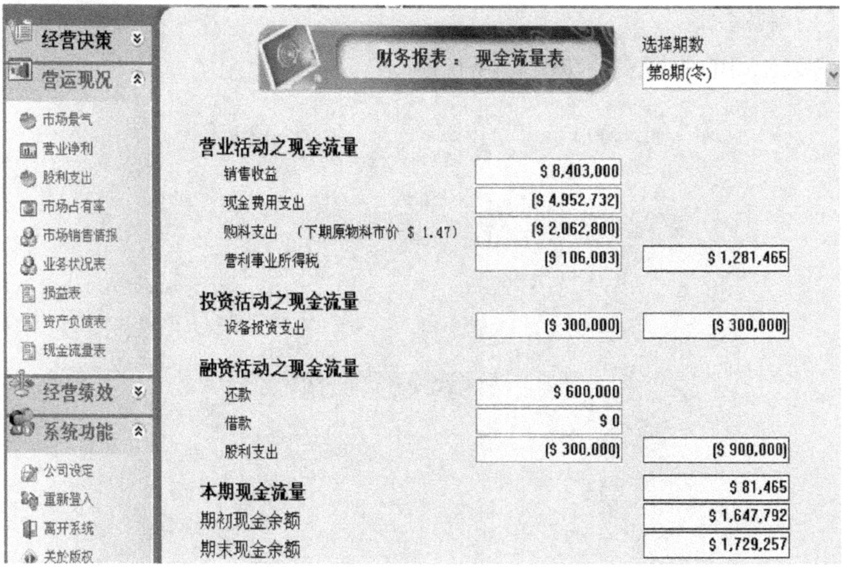

图 2-12　现金流量表(示例)

（4）资产负债表

如图 2-13 所示,企业现有现金 126.333 万元,业主权益 710.00 万元,正常负债 400.00 万元,在做决策时要注意现金使用与破产的危险(参见 BOSS 规则)。

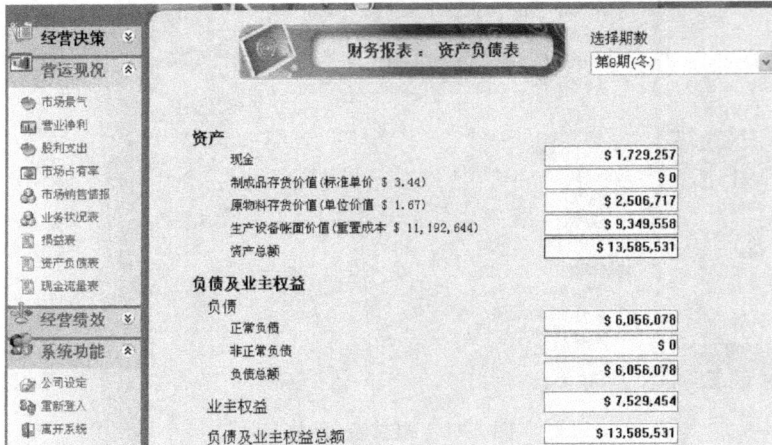

图 2-13　资产负债表(示例)

3. 竞争对手状况分析,利润,产、销量,价格,市场占有率,营销战略与策略的分析

（1）利润图

八家公司的业绩表现如图 2-14 所示。

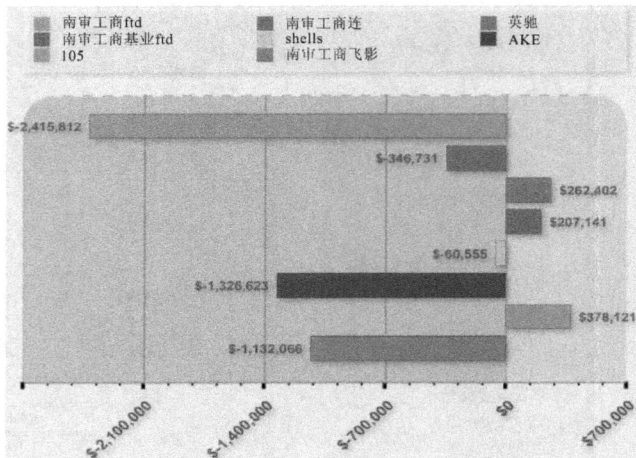

图 2-14　公司业绩表现(示例)

各公司的销量、价格(北、中、南、国外四个市场)如图 2-15 所示。

市场销售情报

选择期数
第2期(夏)

北市场 中市场 南市场 国外市场

企业名称	价格$	销售量
南审工商ftd	4.00	30,000
南审工商连	5.50	60,000
英驰	4.90	100,000
南审工商基业	5.80	159,171
shells	5.20	165,223
AKE	4.00	10,000
105	5.80	164,755
南审工商飞影	6.50	54,042

(a) 北市场

北市场 **中市场** 南市场 国外市场

企业名称	价格$	销售量
南审工商ftd	6.00	50,000
南审工商连	6.00	0
英驰	7.50	105,949
南审工商基业	6.50	200,000
shells	6.90	200,000
AKE	5.50	10,000
105	6.50	127,043
南审工商飞影	7.00	107,509

(b) 中市场

北市场 中市场 **南市场** 国外市场

企业名称	价格$	销售量
南审工商ftd	5.30	150,000
南审工商连	5.80	280,000
英驰	7.50	250,000
南审工商基业	6.80	90,547
shells	7.90	54,252
AKE	7.20	14,252
105	6.80	21,221
南审工商飞影	6.50	5,871

(c) 南市场

北市场　中市场　南市场　**国外市场**

企业名称	价格$ /	销售量
南审工商ftd	7.10	266,798
南审工商连	6.00	43,778
英驰	8.00	30,761
南审工商基业	7.50	26,055
shells	8.30	12,486
AKE	8.00	64,807
105	7.70	353,475
南审工商飞影	7.80	24,243

（d）　国外市场

图2-15　市场分析（示例）

各公司的总体市场占有率如图2-16所示。

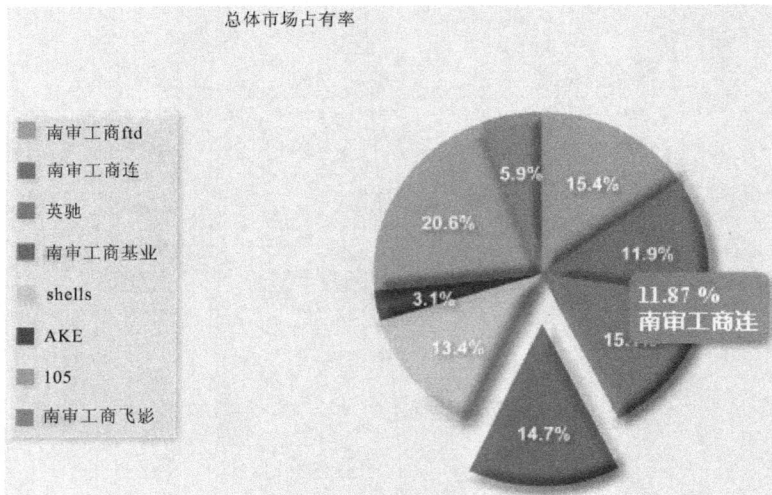

图2-16　各公司的总体市场占有率（示例）

图2-17所示为各公司的分市场占有率。

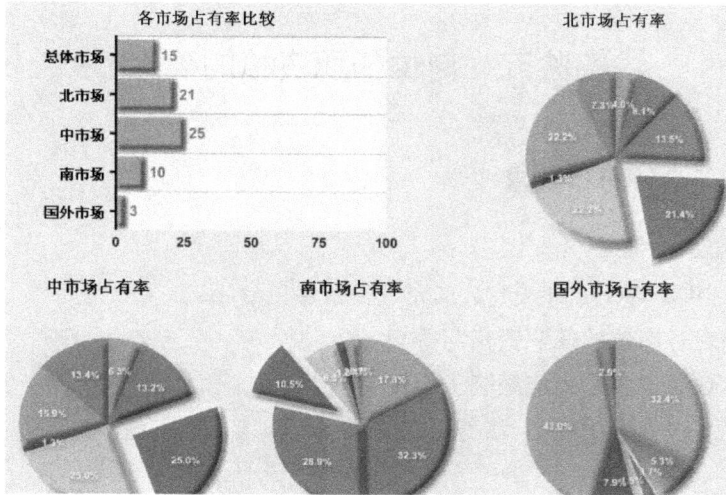

图 2-17 各公司的分市场占有率(示例)

（2）产品品牌与品质比较

如图 2-18 所示。

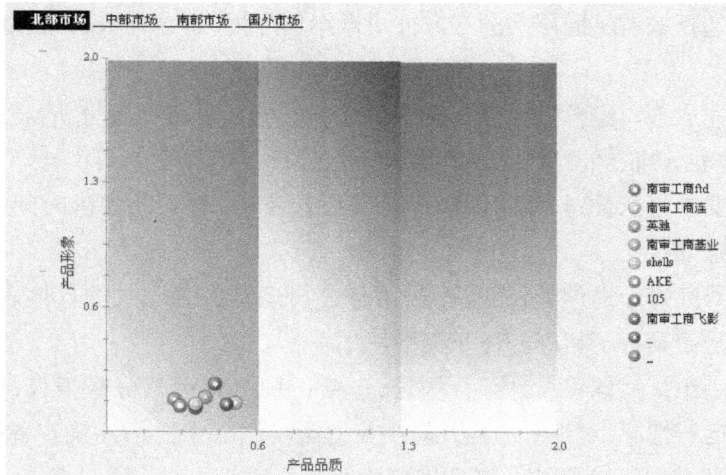

图 2-18 品牌与品质比较(示例)

通过以上竞争对手的价格、销量、市场占有率、品质、产品形象等信息的比较分析，了解竞争对手的战略意图、营销策略等，以便在下期的竞争中调整战略与策略。

实验五　岗位任职资格的确定

一、实验目的和要求

（一）实验目的

1. 在 BOSS 软件运行中,认真完成各自角色分工。

2. 确定各岗位的任职资格与等级。

3. 学会通过实际工作编制工作说明书。

4. 提高综合运用能力,培养系统思维。

（二）实验学时

4～6 个学时。

（三）实验要求

对公司进行经营分析,分析各岗位所要求的任职资格。

经营案例综合分析包括以下内容:

（1）选择效益不同层次的三家公司做案例分析（本公司分析与教师点评相结合）。

（2）完成公司经营的综合分析:市场销售分析、业务状况分析、竞争变化分析、税后净利分析、经营成本分析、财务变化分析、SWOT 分析等。

（3）要求每家公司 CEO 做口头总结报告演讲（每人的演讲时间根据课时情况由教师确定）。

（4）研究每个岗位的任职资格,结合公司运营中每个人的具体表现,分析小组成员是否具备了相应的任职资格。

（5）小组撰写课程设计综合报告,包括: ① 公司运营分析报告,根据各个公司组织运行情况,对组织结构及对决策的影响做出分析。② 确定各岗位任职资格及等级标准。③ 各岗位任职资格编写每个岗位的工作说明书。

（四）实验报告

本次实验提交两个报告:综合实验报告和岗位任职资格及等级标准。

1. 综合实验报告要求

实验结束,要求总结此阶段的收获,写出实验报告。内容项目包括对实验目的的认识、实验过程的描述及实验体会。格式见示例。

具体要求：

（1）实验课程与理论知识点相结合的认识；岗位角色与任职资格的匹配。

（2）企业总体经营战略的应用成果验证分析；企业内部经营信息与外部环境信息的影响效果分析。

（3）竞争对手的优、劣势比较分析；客观认识自己的优、劣势，提出调整与改进的方法、体会。

2. 岗位任职资格及等级标准（见附录 3）

（1）按照实验内容，确定各岗位任职资格。

（2）根据角色演练由易到难的过程，确定任职资格等级要求。

二、实验内容与步骤

（一）实验内容

1. 任职资格相关基本概念

（1）任职资格标准的构成

任职资格标准包括 4 个组成部分，分别对应 4 个标签页：

① 行为要求。表明从业者在完成工作过程中的关键行为能力。

② 知识要求。表明从业者为达到顺利完成工作的目的，应该掌握的知识。

③ 素质要求。表明从业者为达到顺利完成工作的目的，应该具备的潜在素质。

④ 经验要求。表明从业者应当具备的基本条件。

（2）任职资格等级

任职资格等级是指对从业者从"能力"角度，而非从"岗位层级"角度进行的区分。从业者能力划分为 5 个等级：

① 初级。定位于本专业的"初做者"，即刚进入本专业，不能完全独立承担工作，需要在别人的带领和指导下完成工作。

② 中级。定位于本专业的"熟练者"，有一定的从业经验，能够独立承担部分事项，但是少数情况下仍需要别人带领和指导。

③ 高级。定位于本专业的"骨干"，有一定的工作经验，能够独立承担绝大部分事项，并且在某些具体工作中能够起到指导作用。

④ 资深。定位于本专业的"资深者",具有丰富的工作经验,能够指导和带领他人完成工作,并且能够解决绝大部分专业问题。

⑤ 专家。定位于本专业的"专家",能够解决重大疑难问题,并且能够制定专业的规则,具有前瞻性和创新性思维。

2. 任职资格标准

（1）行为要求

行为要求包括关键业务领域、关键职能模块、关键职能要项、各任职资格的关键行为要求4个组成部分。其中：

① 关键业务领域是对业务的总体概括。

② 关键职能模块是指对某一关键业务领域的细分。

③ 关键职能要项是指对某一职能模块中,需要从事的关键的工作事项的细分。

上述3项内容梳理的基本要求是,不考虑什么人做什么事情,而是考虑从事该类业务总体上需要做什么事情。

④ 各任职资格等级的关键行为要求是指在明确关键职能要项的基础上,明确各个不同任职资格等级在各项关键职能的从业要求。

（2）知识要求

知识要求与各个任职资格等级的关键行为要求对应。

针对某初级销售员任职资格等级的关键行为要求如下：熟悉品类政策,熟悉地区商品销售情况,能够收集地区竞争对手的经营策略、服务条件差异,以及全国、地区供应商信息等。

其中,对于初级,要想"熟悉品类政策,熟悉地区商品销售情况",需要掌握"品类政策、商品特性、零售行业特性";要想"能够收集地区竞争对手的经营策略、服务条件差异,以及全国、地区供应商信息等",需要掌握"供应商管理、办公软件使用"知识。所以,初级需要掌握品类政策、商品政策、零售行业特性、办公软件、供应商管理知识。

（3）素质能力要求

素质要求与各个任职资格等级的关键行为要求对应。如对于某初级销售员,要想"熟悉品类政策,熟悉地区商品销售情况",需要具备"学习能力";要想"能够收集地区竞争对手的经营策略、服务条件差异,以及全国、地区供应商信息等",需要具备"调查分析与处理能力";作为基层的"做事者",必须具备很强的"执行能力"。所以,初级销售员需要具备学习能力、调查分析与处理能力、执行能力。

（4）经验和绩效要求

经验要求表明的是最基本的门槛要求。一般来讲,经验标准可以从几个显性维度进行划分：学历、工作年限、资质、以往工作业绩等。

（二）实验步骤

1. 设定较为困难的经济环境,通过团队战胜困难,综合运用前面实验所积累的经营经验,提升分析能力、协调能力。

2. 进一步理解岗位角色与岗位任职资格。

3. 编写岗位任职资格表（可参考附录 3 格式）。

4. 研究各个角色应当具备的任职资格,规定任职资格等级及评判标准。在实际操作中理解各自角色分工,讨论小组成员在公司经营中所达到的任职资格的级别。

实习结束,完成综合实验报告。

综合实验报告示例如下：

综合实验报告示例

班级		姓名		学号	
实验名称		指导教师		日期	

实验目的及组织角色分配

实验内容及实验过程描述

实验心得

附录 1　踏瑞工作分析软件教师手册

踏瑞"工作分析"软件采用用户角色架构,在用户角色架构中分配了 Boss、Adminteacher(管理员)、教师和学生 4 种用户角色,各个用户角色的功能、操作任务及其相互关系如图 F1-1 所示。

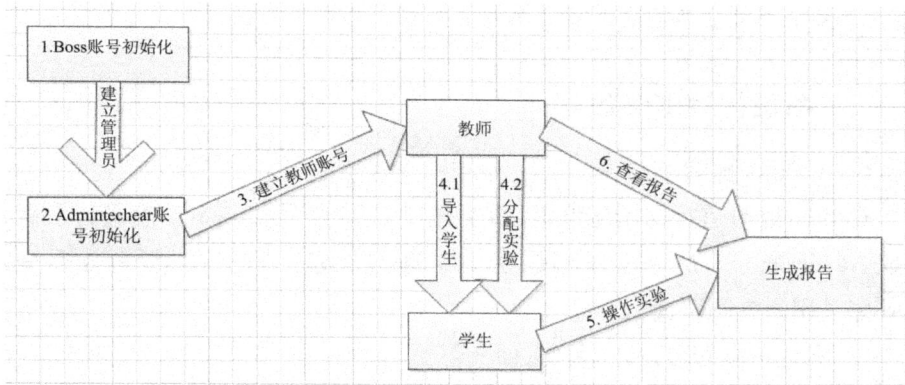

图 F1-1　角色架构图

用户角色的操作任务表(见表 F1-1)中列出了各用户所有可行的操作任务。

表 F1-1　用户角色的操作任务表

		教师	学生
用户管理	我的信息	√	√
	修改密码	√	√
	用户管理	√	×
	新建用户	√	×

		教师	学生
班级管理	编辑班级	×	×
	导入学生	√	×
	新增学生	√	×
	删除学生	√	×
分配实验	分配实验	√	×
实验结果	按班级查询	√	×
	精确查询	√	×
学习资料	上传学习资料	√	×
	下载学习资料	√	√
自定义案例	取决于客户是否购买此模块	√	×

一、系统初始化设置

（一）Boss 账号初始化

对 Boss 账号进行初始化设置，主要是对 Boss 账号的基本信息进行设置及生成 Admin 账号。这些操作都是在 Boss 账号登录后进行的，故首先须登录 Boss 账号用户管理页面。

1. 登录 Boss 账号用户管理页面

打开浏览器—输入指定网址—进入登录界面、输入 Boss 账号和密码—单击"登录"进入首页，单击"用户管理"—进入用户管理页面，如图 F1-2 所示。

图 F1-2　登录 Boss 账号用户管理页面

2. 修改个人基本信息与密码

单击左上角"用户管理"—选择"我的信息/修改密码"—进入信息修改/密码修改页面,输入相关信息,单击"提交"修改成功。

3. 生成系统管理员账号

除了"修改个人基本信息"这一必要的操作外,Boss 还需生成系统管理员的账号,如图 F1-3 所示。具体操作步骤如下:

登录 Boss 账号用户管理页面—单击左上角"用户管理"—选择"新建用户"—进入新建用户页面,输入用户名、密码及权限(管理员),单击"提交",新建成功。

图 F1-3　生成系统管理员账号

(二)Adminteacher 账号初始化

Adminteacher 账号的初始化所包含的任务有修改个人基本信息和密码、生成授课教师的管理账号、生成班级并导入学生信息。

1. 登陆 Adminteacher 账号用户管理页面

打开浏览器—输入指定网址—进入登录界面、输入 Boss 账号和密码—单击"登录"进入首页,单击"用户管理"—进入用户管理页面。

2. 修改个人基本信息

单击左上角"用户管理"—选择"我的信息/修改密码"—进入信息修改/密码修改页面,输入相关信息后单击"提交"修改成功。

3. 生成授课教师管理账号

登录 Boss 账号用户管理页面—单击左上角"用户管理"—选择"新建用户"—

进入新建用户页面,输入用户名、密码及权限(管理员),单击"提交"新建成功。

4. 生成班级并导入学生信息

生成教师管理账号后,需要生成一个新的班级,并将相关学生的数据导入系统中。生成班级必须在 Adminteacher 账号中完成,而导入学生信息任务在教师账户中也可实现,操作方法相同。具体操作步骤如下:

(1)生成班级

登录 Adminteacher 账号用户管理员—选择"班级管理"按钮,打开班级管理页面—单击界面左下角"新增"按钮,弹出"编辑班级"窗口—根据窗口内容输入详细班级信息—单击"保存"按钮。

注意:填写班级信息中的"任课教师"信息时,在教师列表中选中相应教师前的单选按钮,单击"提交"完成。

(2)导入学生信息

打开班级管理页面—单击班级列表中需导入数据班级右侧的"导入账户"按钮,系统弹出"学生导入"窗口—单击"数据模板下载"—按模板格式整理学生基本信息、并按指定文件格式保存—单击"浏览"导入该文件—单击"保存"。单击"查看"即可看见导入的相关信息。

(3)新增学生账号

打开班级管理页面—单击相应班级查看学生明细—弹出班级学生列表—单击"新增"按钮—输入学号、姓名—单击"添加"即可。

新增学生账号示意图如图 F1-4 所示。

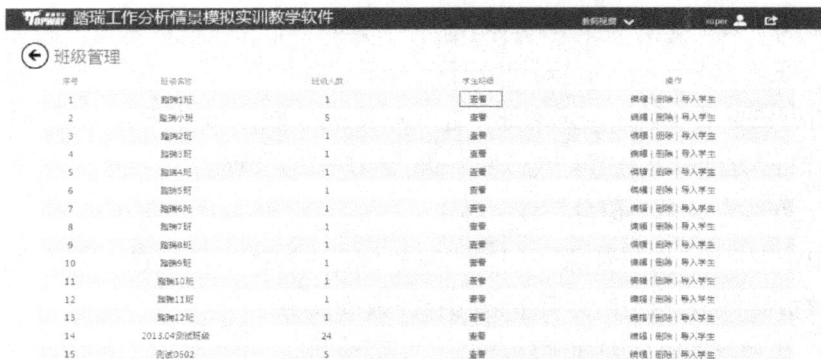

图 F1-4　新增学生账号示意图

Boss 账号、Adminteacher 账号、教师账号及学生账号的功能见表 F1-2。

表 F1-2　账号功能示意

账号名称	功能	数量	备注
Boss 账号	生成 Admin 账号与教师账号,并包括 Admin 账号和教师账号的各种功能	只有一个	默认账号为:Boss;默认登录密码为:1;建议首次登录后修改密码
Adminteacher 账号	由实验室教师或教务秘书管理,以便将系统的日常维护和更新工作交给合适的用户来负责和管理,并包括教师账号的各种功能	多个	
教师账号	负责学生的实验操作管理,包括给学生分配实验、查看学生实验结果等	多个	
学生账号	登录后可根据教师分配的实验展开实验,查看结果并进行讨论	多个	新增学生账号的登录账号是学生本人学号;密码是 123456;建议首次登录后修改密码

二、授课教师日常管理

授课教师使用软件权限分配如图 F1-5 所示。

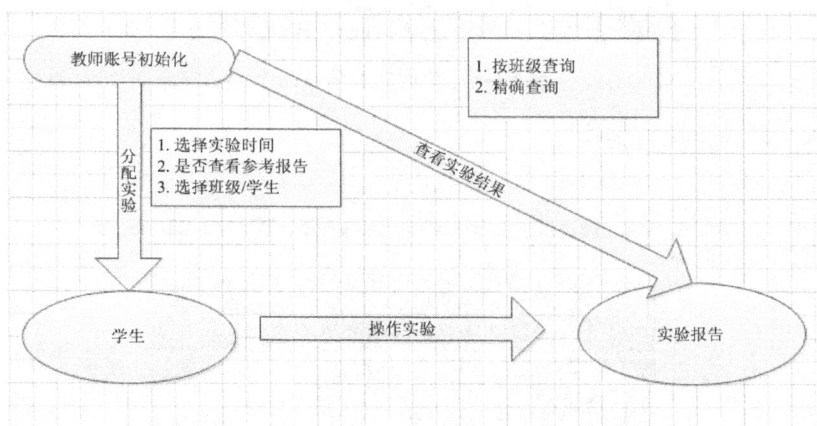

图 F1-5　教师权限分配图

授课教师的日常管理工作主要包括对学生分配实验、查看学生实验结果。在进行这些操作之前,首先需要对教师账号进行初始化设置,及时完善个人基本信息并修改默认密码,具体操作请参考"第一部分/Adminteacher 账号初始化/修改个人基本信息"中的内容,教师账号也可导入学生信息,具体操作请参考"第一部分/ Adminteacher 账号初始化/导入学生信息"中的内容。

(一)对学生分配实验

1. 分配实验

登录教师账号或者 Adminteacher 账号,进入首页选择"分配实验"—进入分配实验界面—选择要分配的实验—进入分配实验页面实验分配,单击右方的"分配实验"—弹出分配详情的窗口—选择实验开始时间和结束时间,选择是否允许学生参看参考答案,在班级前面的小框内打"√"即可对全班学生进行分配(选中多个班级即为多个班级分配),也可单击班级列表右侧的"详细"栏,系统会自动弹出全班学生列表(选中多个学生即为多个学生分配)。

(1)单击"分配实验"

软件功能如图 F1-6 所示。

图 F1-6　软件功能示意图

(2)选择分配的实验

在图 F1-7 所示实验中选择分配实验。

图 F1-7　具体实验选择图

在图 F1-8 中单击"分配实验"。

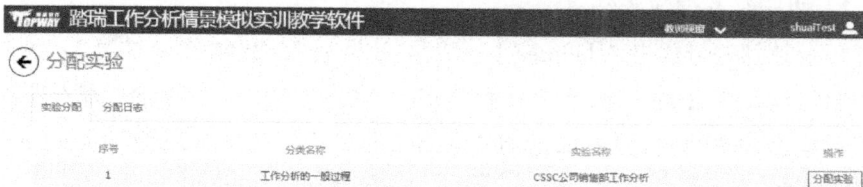

图 F1-8　单击"分配实验"

输入实验开始时间和结束时间,选择是否参看参考报告,选择班级后单击"提交"即可,如图 F1-9 所示。

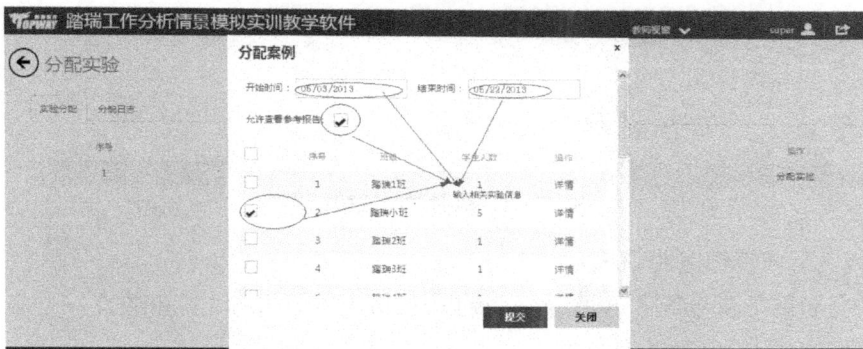

图 F1-9　实验时间分配图

2. 分配日志

登录教师账号或者 Adminteacher 账号,进入首页选择"分配实验"—进入分配实验界面—选择相关的实验—进入分配实验页面—单击"分配日志"—进入分配日志页面。可删除分配的实验,也可查看分配的历史记录,如图 F1-10 所示。

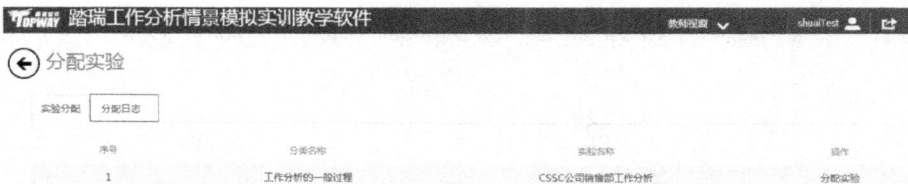

图 F1-10　分配日志选择图

（二）查看学生实验结果

1. 按班级查询实验结果

登录教师账号或者 Adminteacher 账号，进入首页选择"实验结果"—进入实验界面勾画要查看的班级，选择查看的实验，在弹出的列表中选择"查看明细"，可查看单个学生的实验结果，选择"导出报告"可导出整个班级实验的 pdf 压缩包。

图 F1-11　查看学生实验结果

2. 精确查询实验结果

登录教师账号或者 Adminteacher 账号，进入首页选择"实验结果"—进入实验界面—单击"精确查询"。

（1）选择班级和账号，可查询该账号已经完成的所有实验，如图 F1-12 所示。

图 F1-12　查询具体实验结果（方法一）

（2）输入学生的账号或姓名可查询该学生完成的所有实验,如图 F1-13 所示。

图 F1-13　查询具体实验结果(方法二)

（三）资料中心

该功能主要针对教师,可以提供相关技术信息供学生下载学习、观摩操作等。

1. 专业名词

（1）教师可添加专业术语的简写及其英语含义,并定义该词汇的意义。

（2）该步骤提供增加、修改与删除功能,并支持分页预览操作。

如图 F1-14 和 F1-15 所示。

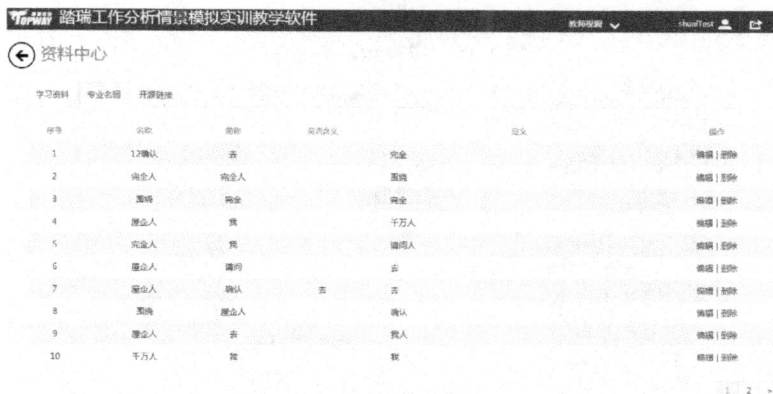

图 F1-14　专业名词页面(1)

图 F1-15　专业名词页面(2)

2. 学习资料

(1) 教师可以上传相关学习资料以供学生下载进行下一步操作。

(2) 该步骤提供增加、修改与删除功能并支持分页预览操作。

如图 F1-16 和图 F1-17 所示。

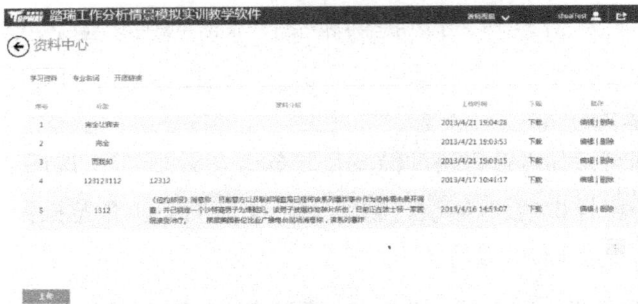

图 F1-16　资料中心页面(1)

图 F1-17　资料中心页面(2)

注意：此处进行新增或修改学习资料的操作时，单击"请选择上传文件"可选择本地相关文件进行上传，上传成功后单击"提交"按钮即可。

3. 开源链接

（1）教师可以上传相关网址信息以供学生直接访问，并进行同步观摩操作。

（2）该步骤提供增加、修改与删除功能并支持分页预览操作。

如图 F1-18 所示。

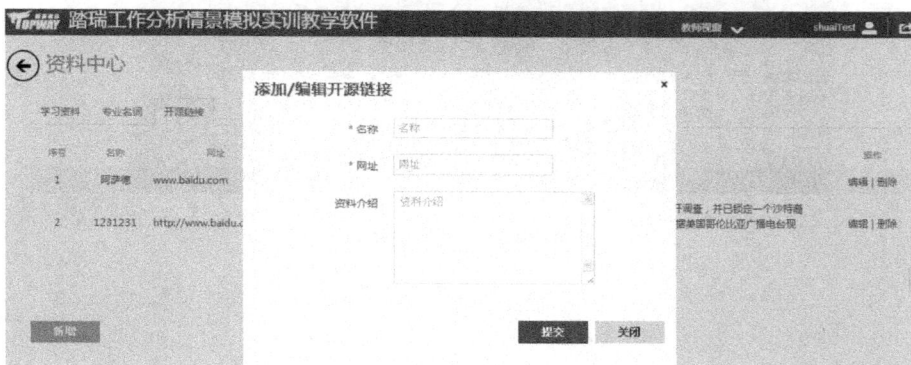

图 F1-18　开源链接页面

（四）学生视窗

管理员或教师登录后，单击"教师视窗"下拉按钮，选择"学生视窗"模拟学生登录状态，进行相关操作，如图 F1-19 所示。

图 F1-19　学生视窗

（五）自定义案例

自定义案例模块涉及软件安全问题，必须在客户购买该模块功能的前提下才能开放该项功能。进入教师端首页，单击"自定义案例"，可以自定义案例，如图 F1-20 所示。

图 F1-20　自定义案例

附录 2　BOSS 规则及决策依据

一、BOSS 环境设定及胜负决定标准

（一）胜负决定标准

正常营运：报表中，名次的排定是依据 NPV 的价值高低而定的，NPV 的计算公式为

$$NPV = \sum_{i=1}^{n-1} \frac{第\,n\,期股利}{(1 + k/4)^i} + \frac{第\,n\,期期末经济权益}{(1 + k/4)^n} - 期初业主权益$$

式中，k 代表折现率，由教师决定。

（二）破产

由于经营不善而造成总负债超过业主权益 10 倍的状况下，程序将自动宣告该公司破产，并于当期经营报表上公告，此时该竞赛队伍亦将被迫退出此次竞赛，无法再参加之后各期经营竞赛。

教师设定的参数值如下：

1. 总体经济环境

（1）通货膨胀指数：影响整体市场，共区分为大、中、小、负 4 种通货膨胀状态。

（2）经济成长指数：影响整体市场，共有 12 组成长状态。公式由回归式组成，成长指数上升表示景气上升，显示购买力上升，需求量增加。

公式：基期指数 + 成长指数 × 竞赛期数

（3）税率：影响整体市场，共分为高、中、低 3 种水平。所得税的计算：

① 正常计算方式：所得税 = 税前净利 × 累进税率；

② 投资抵减（Tax Credit）时的计算方式：所得税 = 当期设备投资额 × 3.5%。

（4）年利率：影响整体市场，共有 11 组。设定用以计算利息费用，水平为5% ~ 15% 。

2．设定产业背景资料

（1）季节指数：影响竞赛产业，共分为 10 组。当季节指数的数字上扬，表示该季节的需求较为旺盛。

（2）折旧：影响竞赛产业，共有 2 组。可采直线折旧或加速折旧两种方式：

① 直线折旧：期初设备账面价值 ×2.5% ；

② 加速折旧：期初设备账面价值 ×3.125% 。

如图 F2-1 所示。

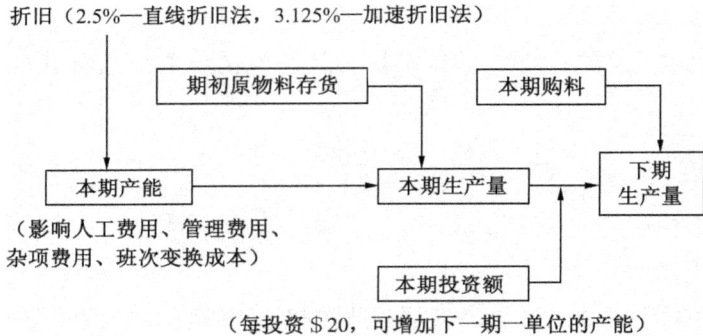

图 F2-1　折旧方式

（3）市场占有率递延效果：影响竞赛产业，共分为高、中、低 3 种不同的效果。

（4）投资抵减：影响竞赛产业，共有 2 组，分为有、无两种方式。

（5）产品生命周期：影响个别市场，共有高成长、中成长及低成长 3 种状态。产品会经历初生、成长、成熟、衰退及死亡几个阶段。通常以 0 为起点，经由市场的开发，产品生命周期的累计值逐渐升高，到达 2 时显示市场成熟，总市场潜量趋近于饱和。之后市场潜能将开始衰退，各期的销售数量也将会逐渐递减。此数值可以在不同市场分别设定高、中、低 3 种不同生命周期的成长指数。

（6）价格弹性：影响个别市场，显示降价竞争的效果，可分为大、中、小3 种水平。

（7）营销活动影响：影响个别市场，显示营销费用的促销效果，共分为大、中、小 3 种水平。由于价格弹性、营销活动影响均可分别在不同市场（北、中、南、国外 4 个市场）设定大、中、小不同的值,故共计有 9×9×9×9 种组合方式。

（8）研究发展的影响:以竞赛产业为分析单位,共分 3 组。主要在影响产品质量,可分为大、中、小 3 种水平。

（9）维护支出的影响:以竞赛产业为分析单位,共分 3 组。主要在影响生产效率(材料转换系数值),可分为大、中、小 3 种水平。

3. 企业内部数据值设定

生产方式:属于公司内部的生产政策,一般会设定一班制或轮班制两种不同生产方式:

① 一班制生产时,加班至多可增加 0.5 倍的产能;

② 轮班制生产可采用 1～3 班生产的方式生产,竞赛时,计算机会根据生产数量自动决定生产班次。

二、BOSS 的重要观点:产、销协调

市场潜能:显示公司能够接到订单的最大总销售数量。

（1）如果本期市场潜能≤生产量＋仓储量(存货),则销售量＝本期市场潜能(＝最大可供销售量)。

（2）如果本期市场潜能＞生产量＋仓储量(存货),则销售量＝生产量＋仓储量(最大可供销售量)。

至于未能销售的部分,采用 50%—50% 分配制度。

①（本期市场潜能－最大可供销售量）×0.5 递延下一期;

②（本期市场潜能－最大可供销售量）×0.5 分给其他公司。

仓储量(存货)＝上期期末存货＋本期实际生产量－本期实际销售量

各市场销售量＝最大可供销售量×各市场潜能/总市场潜能

本期产能＝上期产能×0.975＋上期投资额/20×一般物价指数(采用直线折旧法)

① 如果原物料足够,且产能足够,则实际生产量＝预计生产量;

② 如果原物料不足,或是产能不足,则实际生产量＝最大可生产量。

由于原物料不足可以透过紧急采购获得,故限制实际生产量的主要因素为当期产能。

在原物料不足或产能不堪负荷时,计划生产量将自动调整为最大可生产量,实际的仓储分配额亦将按照原决策的相对比率重新计算:

各市场实际仓储分配额 = 最大可生产量×各市场仓储分配决策值/计划生产量总量

三、重要的成本计算与说明

（一）材料相关的成本计算

（1）材料耗用:实际生产量所消耗的材料成本。

（2）材料转换系数:为一单位材料能生产的制成品单位数,主要受到维护支出费用的影响。

（3）材料单位成本计算[移动平均]:

$$\frac{当期购料金额 + 上期原物料存货价值}{当期购料数量 + 上期原物料存货数量}$$

（4）当期实际材料耗用价值:当期实际材料耗用数量×材料单位成本。

（5）销货成本修正额(存货解冻)。

损益表中的成本与费用计算,仅包括本期成本,不包括上期存货的成本,故销货成本修正额,目的在于计算期初存货耗用的影响部分。

（二）人工成本(有两种互斥的设定方式)

1. 一班制

若产量≤一班产能,则产量 = 单位成本×生产数量。

若一班产能 < 产量≤1.5倍产能,则产量 = 单位成本×一班生产数量 + 1.5×单位成本×加班生产数量。

2. 轮班制

（1）若产量≤一班产能,则产量 = 单位成本×一班生产数量(实际生产数量)。

（2）若一班产能 < 产量≤1.35倍产能,产量 = 单位成本×一班生产数量 + 1.5×单位成本×加班生产数量。

（3）若1.35倍产能 < 产量≤二班产能,则产量 = 单位成本×二班生产数量(实际生产数量)。

（4）若二班产能 < 产量≤2.5倍产能,则产量 = 单位成本×二班生产数

量 +1.5 × 单位成本 × 加班生产数量。

（5）若 2.5 倍产能 < 产量 ≤ 三班产能，则产量 = 单位成本 × 三班生产数量（实际生产数量）。

（三）管理费用

半固定费用，设定方式与人工成本相同。

1. 一班制

（1）若产量 < 产能，则固定费用为 \$150,000，变动费用率为 \$0.32，管理费用 =（150 000 +0.32 × 产能）× 物价指数。

（2）若产量 > 产能，则固定费用为 \$150 000，变动费用率为 \$0.32，另增加 \$50 000 加班费，管理费用 =（150 000 +0.32 × 产能 +50 000）× 物价指数。

2. 轮班制

（1）若生产量小于一班制的产能，则管理费用 =（150 000 +0.32 × 产能 +25 000）× 物价指数。

（2）若生产量大于 1.35 倍产能，小于两班产能，则管理费用 =（275 000 +0.32 × 产能）× 物价指数。

（3）若生产量大于两班产能，小于 2.5 倍产能，则管理费用 =（295 000 +0.32 × 产能）× 物价指数。

（4）若生产量大于 2.5 倍的产能，但未超过三班的产能，则管理费用 =（400 000 +0.32 × 产能）× 物价指数。

（四）杂项费用

半固定费用 =（10 000 +0.18 × 本期产能）× 物价指数。

（五）工作班次变换成本

当期工作班次与上一期工作班次不同时所产生的换班成本。

每变换一个班次，会产生（\$100 000 × 物价指数）的费用，其公式为

$$\$100\,000 × 物价指数 × |\,当期班次 - 上期班次\,|$$

（六）制成品存货持有成本

存货持有成本中包括资金成本、管理费用、损失及折耗等相关成本。计算公式为

\$0.5 × 期末制成品存货数量 ×（期末标准成本/3）= \$0.5 × 期末制成品存货价值 ×1/3

制成品存货单位价值（启始值设定为 $3.00）=［上期标准单价×（上期存货－本期实际销售量）＋$3×本期实际生产量×物价指数］/上期存货＋本期实际生产量－本期实际销售量

期末制成品存货数量＝上期存货＋本期实际生产量－本期实际销售量

制成品存货价值＝期末标准单价×制成品存货数量

（七）原物料持有成本

期初原物料存货价值×5%

（八）运费

北区市场：每单位 $0.00×仓储分配量；

中区市场：每单位 $0.10×仓储分配量；

南区市场：每单位 $0.20×仓储分配量；

国外市场：每单位 $0.80×仓储分配量。

（九）订购成本

订购过程所产生的成本费用（如请购手续作业费、运输过程之检验费等）。

订购单位金额：

500 000 套以下,40 000 元；

500 001 ~ 1 000 000 套,80 000 元；

1 000 001 ~ 1 500 000 套,120 000 元；

1 500 001 ~ 2 000 000 套,160 000 元；

2 000 001 套以上,200 000 元。

四、各决策变量的提示与建议

1. 产品价格

 $3.00 ~ $9.00。

2. 营销费用

直接影响接单数量,有递延效果,也有累积门槛的效果。

3. 计划生产量（仓储分配量）

总生产量在不同市场的分配数（不含制成品存货）。

4. 研究发展费用

影响产品质量与市场潜能,有累积门槛的效果。

5．维护费用

影响材料耗用额(材料转换系数)。

6．设备投资预算

影响产能,并影响当期的设备投资费用。

设备投资费用:指设备所需的保险、运费及相关费用。计算公式为

$$设备投资费用 = 0.000\ 000\ 1 \times 设备投资支出^2$$

7．购入物料数量

假定购料于期末送达,并供下期使用。

(1)购料支出:当期购料金额及紧急采购费用的总额。原物料单位市价为
$0.75 ~ $2.00,视整个产业对原物料需求的情况而定。

(2)紧急采购:当上期结存之原物料存货数量不敷计划生产量预定之使用
额时,程序会自动设定紧急采购,其采购数量将由本期购料中拨出。

$$紧急采购费用 = 购料数量 \times $1.50(并入购料支出项下)$$

8．股利支出

(1)正常情形下,实际的股利支出与决策值相同。

(2)当业主权益小于 $6 500 000(BOSS 3 为 $10 000 000)时,程序会自动
停止发放股利,以免产生资本退回(清算股利)的现象。

9．借、还款

(1)假定均于期初发生。

(2)还款是以上一期期末现金为限,超过负债总额时,程序会自动调整减
少,借款则依原始决策值与程序计算结果而定。

(3)程序完成还款之后,再依序计算现金流出与流入,如果发现出现现金
赤字,则自动会产生借款行为(非正常负债)。

(4)产生财务费用及利息费用。

10．企业所得税的征收

按照税前净利的多少采用累进税制,具体见表 F2-1。

表 F2-1　企业所得税

税前净利	税率水准		
	低	中	高
净利 < 20 万元的部分	18%	22%	26%
20 万元 < 净利 < 50 万元的部分	28%	35%	42%
50 万元 < 净利 < 100 万元的部分	38%	48%	58%
100 万元 < 净利的部分	44%	55%	66%

若环境背景设有投资抵减项,则还能从所得税中扣抵 3.5% 的投资奖励额。

抵减后所得税额 = 抵减前所得税额(当期设备投资额 × 3.5%)

企业所得税 =(税前净利 × 各自税率)- 投资抵减额

附录 3 任职资格分解
——以某公司人力资源岗位为例

表 F3-1 人力资源管理任职资格体系——级别角色定义

级别角色 模块 任职资格等级	三级	二级	一级	高级	资深
知识技能	具有本领域内基本的专业知识和技能;了解本领域内的相关规范及企业的规章制度、政策	具有本领域内相当的专业知识和技能;正确理解企业相关的人力资源政策和制度,准确执行相关程序和方法,能够发现流程中的一般问题	熟练掌握人力资源专业某个领域的基本知识和行为技能,对相关领域的知识有相当的了解;能够发现本领域和业务流程中的重大问题,并提出合理有效的解决方案	在人力资源专业大多数领域具有精通的、全面的知识和技能;能基本解决企业内人力资源专业各重要领域内遇到的复杂、重大性问题	具有企业经营管理范畴的全面知识并精通人力资源各个领域的专业知识;可以承担人力资源专业领域内的重大业务流程的建立者和重大流程变革的发起者角色
经验	从事本专业工作半年以上	从事本专业相关工作2年以上或三级职员2年以上;具有国家人力资源管理员职业资格证书	从事本专业相关工作4年以上或二级职员2年以上;具有国家人力资源助理管理师职业资格证书	从事本专业相关工作6年以上或一级职员2年以上;具有国家人力资源管理师职业资格证书	从事本专业相关工作8年以上或高级职员2年以上;具有国家人力资源高级管理师资格证书

续表

任职资格等级 ＼ 级别角色模块	三级	二级	一级	高级	资深
独立工作与指导	在他人指导下在人力资源专业的单一领域如考核、薪酬、招聘等开展工作	在他人指导下在人力资源专业的单一领域内独立开展工作	能够独立、熟练地完成人力资源专业某个领域内的全部工作，并能有效指导他人的工作	可以独立指导人力资源专业的某个领域有效的运行	可以指导整个人力资源体系各领域的有效运作
角色定位	人才储备	业务实施的基层主体	骨干力量	专家	资深专家

表 F3-2　人力资源管理任职资格体系——知识要求

知识模块		知识点	三级 A	B	C	D	E	二级 A	B	C	D	E	一级 A	B	C	D	E	高级 A	B	C	D	E	资深 A	B	C	D	E
基础知识	公司基础知识	1.……																										
		2.……		*					*					*						*						*		
		3.……																										
	计算机知识	1.……																										
		2.……			*					*					*					*							*	
		3.……																										
	行业基础知识	1.……																										
		2.……		*					*					*						*						*		
		3.……																										
	管理知识	1.……																										
		2.……	*						*						*						*							*
		3.……																										
业务知识	法律法规	1.……		*					*					*							*						*
		2.……		*					*					*							*						*
	人力资源知识	1.……																										
		2.……		*					*					*							*						*
		3.……																										

	知识模块	知识点	三级A	三级B	三级C	三级D	三级E	二级A	二级B	二级C	二级D	二级E	一级A	一级B	一级C	一级D	一级E	高级A	高级B	高级C	高级D	高级E	资深A	资深B	资深C	资深D	资深E
业务知识	公司人力资源管理制度与业务流程	1. ……																									
		2. ……			*					*						*				*							*
		3. ……																									
	人力资源环境知识	1. ……		*					*						*					*						*		
		2. ……																										
	计算机知识	1. ……			*					*					*					*					*		
		2. ……			*					*					*					*					*		

表 F3-3　人力资源管理任职资格体系——技能要求

技能分类	技能模块	技能要求点	三级A	三级B	三级C	三级D	三级E	二级A	二级B	二级C	二级D	二级E	一级A	一级B	一级C	一级D	一级E	高级A	高级B	高级C	高级D	高级E	资深A	资深B	资深C	资深D	资深E
基础技能	基本工作技能	1. ……		*						*					*					*							*
		2. ……		*						*						*				*							*
	计算机操作技能	1. ……			*					*					*					*					*		
		2. ……																									
业务技能	职位管理	1. ……		*					*						*					*							*
		2. ……		*					*						*					*							*
	招聘管理	1. ……		*					*						*					*							*
		2. ……		*					*						*					*							*
	薪酬管理	1. ……		*					*						*					*							*
		2. ……		*					*						*					*							*
	绩效管理	1. ……		*					*						*					*							*
		2. ……		*					*						*					*							*
	任职资格管理	1. ……		*					*						*					*							*
		2. ……		*					*						*					*							*
	培训管理	1. ……		*					*						*					*							*
		2. ……		*					*						*					*							*
	其他人事管理技能	1. ……		*					*						*					*							*
		2. ……		*					*						*					*							*

表 F3-4　人力资源管理任职资格体系——行为要项表

行为模块 ＼ 行为要项 ＼ 任职资格等级		三级	二级	一级	高级	资深
职位分析		是				
人力资源规划		是				
				是		
招聘			是			
			是			
					是	